AF499947

LES

LÉGITIMISTES

ET LES

ORLÉANISTES.

Lb⁵¹. 2641.

Soissons. — Imprimerie de Gilles-Gibert.

LES

LÉGITIMISTES

ET LES

ORLÉANISTES,

PAR M. A. SIGUIER.

Un fourreau ne peut contenir deux glaives

MAHOMET.

PARIS,

CHEZ A. PHILIPPE, ÉDITEUR, 28, RUE DE CLÉRY.

1837.

> Je sais tout ce qu'ont de faux, de périlleux les opinions les plus accréditées de nos jours, et ne me sens pas disposé à fléchir le genou devant elles.
>
> GUIZOT.

Dévoué par choix et par goût à l'étude spéciale des grands résultats que présente la philosophie de l'histoire humaine, nous aurions voulu rester libre de toute espèce d'engagement d'opinion; des jours passés dans les calculs spéculatifs s'écoulent au moins paisibles. Mais si, en temps d'anarchie matérielle, chacun doit son bras à la patrie, en temps d'anarchie intellec tuelle et sociale, chacun lui doit sa pensée, quelque faible ou quelque inutile qu'on la suppose ou qu'elle soit en réalité. C'est là ce qui nous détermine à affronter les tumultes du barathre politique.

Dans notre premier ouvrage * nous avons exposé notre règle religieuse, le christianisme.

Dans le second ** nous avons indiqué notre règle gouvernementale, la monarchie.

Aujourd'hui nous venons, contre nos habitudes, dégager la pratique de la théorie; nous venons travailler à constituer le pouvoir en France.

Regardons tout autour de nous, qu'y a-t-il? ici des républicains; là des esprits forts qui, sans être républicains, se vantent de dédaigner la monarchie; ailleurs des indifférents; partout l'individualisme, un individualisme qui nous mine, nous ronge.

Et tout récemment encore qu'avons-nous vu? Des foules de vieux et jeunes croyants sont allés pleurer sur la tombe d'un prince déchu, qu'ils appelaient leur roi; des flots d'or se sont amoncelés autour d'un grand orateur dont l'existence est toute consacrée à ruiner juillet et ses conséquences.

D'un autre côté, réfléchissons sur ces paroles :

« Aussi long-temps qu'une seule dynastie révolu-

* Christ et Peuple.

** Espérance (préface d').

« tionnaire existera, la révolution ne sera pas terminée; « il faut que le principe de la légitimité triomphe par- « tout; sans cela point de paix, mais une trève. »

Et qui les a prononcées ces paroles? l'homme qui, depuis plus de trente ans, semble présider aux destinées de la France, l'homme qui est encore l'oracle de la nouvelle Cour *.

Tous ces faits sont graves, très graves; il s'ensuit que rien n'est fixe, rien n'est définitif chez nous; qu'il y a, par conséquent, souffrance dans tout le corps social, souffrance pour le commerce et l'industrie, souffrance pour toutes les grandes opérations auxquelles se rapporte la prospérité d'un pays; qu'il n'y a ni sécurité dans le présent, ni sécurité pour l'avenir.

Constituer le pouvoir est donc à notre sens le plus utile service à rendre à la France, parce que cette constitution seule peut régulariser et affermir notre action nationale dans son ensemble, sauver nos conquêtes, les continuer, les agrandir, nous donner enfin l'initiative certaine du progrès et des reformes que les peuples espèrent et ont lieu d'espérer.

* M. de Talleyrand au congrès de Vienne, le 26 octobre 1814.

PRÉTENDANTS AU TRONE DE FRANCE.

Trois forces prétendent directement au trône de France, la force dite républicaine, la force impériale ou militaire et la force monarchique.

Or, les deux premières ont été repoussées par le pays.

Qui doit vaincre maintenant, de la monarchie antérieure à juillet, ou de la monarchie de juillet, considérées toutes deux en elles-mêmes, en principe?

La solution de ce problème est la plus importante de toutes les solutions qu'on pourrait chercher aujourd'hui, par l'importance même du rôle que la France est appelée à jouer dans le grand drame européen; tâchons d'y satisfaire.

D'abord, que nul ne s'attende à trouver, dans cet ouvrage, des idées blessantes contre une famille dont les ancêtres acquirent à la France tant d'illustrations diverses; il est des majestés plus imposantes que toutes celles qu'on aime à révérer, ce sont les majestés de l'infortune. Que la terre vous soit donc légère, monarque vénérable qui avez su grandir de toute la grandeur de vos calamités. Qu'on ne cesse jamais de vous rendre hommage et de vous admirer, héroïne chrétienne qui avez rempli l'univers de la lugubre épopée de vos douleurs. Consolez-vous, fille adoptive des descendants de Saint-Louis, princesse au cœur chevaleresque dont la fortitude maternelle fit un prodige de valeur. Et vous, jeunes martyrs que la candeur du jeune âge et le souvenir de tant de splendeurs évanouies environne d'inspirations si suaves et si noblement éloquentes, humiliez-vous, humiliez-vous sous la main de Dieu.

Cc travail, que nous offrons au public du fond de notre solitude, n'est ni plus ni moins qu'un travail de longue réflexion, et d'amour patriotique; nous n'oublierons pas que l'impartialité, qui a été notre premier, notre unique mobile, reste notre devoir le plus sacré.

L'EX-LÉGITIMITÉ.

Les partisans les plus nombreux et les plus puissants de la monarchie antérieure à juillet, sont ceux qui s'appuient sur la légitimité.

Entrons sur le champ dans la discussion.

Légitimité dérive de légitime (*legi intimus*), qui signifie intime à la loi, conforme à la loi. Dans les mots *légitimité, légitime,* pris en eux-mêmes, il n'y a que cette idée, *conformité, conforme à la loi.*

Mais les légitimistes ont voulu que ce mot *légitimité* signifiât l'hérédité au trône de mâle en mâle par ordre de primogéniture; ils ont voulu que cette hérédité, ainsi comprise, fût la loi, la loi suprême de l'État, de la France.

Qu'arrive-t-il? que les légitimistes sont en contradiction avec les faits comme avec notre esprit national.

« Après la mort naturelle de Louis-le-Bègue, arrière-« petit-fils de Charlemagne, le parlement ou l'assem-« blée générale, au lieu de reconnaître son fils posthu-« me et légitime, Charles-le-Simple, fait choix de ses « fils naturels, Louis, Carloman. A la mort de ceux-« ci, Louis, fils de Carloman, monte au trône; mais un « instant; il meurt aussitôt. Alors Charles-le-Simple est « appelé, quoique encore en bas-âge et qu'il ait été re-« jeté précédemment. Ce prince, annonçant un esprit « faible, est rejeté de nouveau. L'empereur Charles-le-« Gros, son oncle au deuxième degré, est choisi. A la « mort de Louis, dit le Fainéant, s'il existe un droit « d'hérédité positif, bien déterminé, sans mélange d'é-« lection ou sans ratification quelconque du pays, le « trône appartient à Charles de Lorraine, oncle mascu-« lin du roi; mais s'étant reconnu pour son duché de « Basse-Lorraine, vassal d'un souverain étranger, de « l'empereur, Charles a semblé renoncer à la reversion « de la couronne de France; il a provoqué l'animadver-« sion des Français. Appuyé de ces prétextes, Hugues « Capet le rend odieux et parvient à le faire exclure. Il « ne s'élève qu'une seule réclamation. Un seul des « grands vassaux de la couronne, Guillaume, Fier-à-« Bras, duc de Guienne, refuse quelque temps de re-« connaître le nouveau roi. Un combat décidant la « contestation, Guillaume se soumet à la suzeraineté de « Hugues. Le consentement formel ou tacite des autres « grands vassaux ou seigneurs, et celui de la nation, con-

« statent d'une manière positive l'ancien droit des « Français d'élire leur chef ou de confirmer sa dignité, « s'il est usurpateur.

« Cela prouve une douzième fois que la succession au « trône n'était pas regardée comme un simple héritage. « Dans cette conjoncture-ci, l'on voit de plus que les « hommes puissants, les grands se sont habitués à con- « sidérer comme légitime le prétendant dont ils ont fait « choix. »

Voilà ce que rapporte un de nos historiens critiques les plus judicieux *.

« Oui, sire, dit Massillon, c'est le choix de la nation « qui mit d'abord le sceptre entre les mains de vos an- « cêtres ; c'est elle qui les éleva sur le bouclier militaire « et les proclama souverains **. »

L'orateur chrétien aurait-il osé s'exprimer ainsi s'il n'avait eu pour lui la certitude du fait?

Et de même, après avoir étudié les élections de Clovis, de Pépin-le-Bref, d'Hugues Capet, qu'on étudie les causes qui engagèrent les premiers rois de la troisième race à partager, de leur vivant, le trône avec leurs fils aînés, l'on se convaincra que la succession héréditaire, par ordre de primogéniture, ne fut qu'une usurpation des droits nationaux, et que si cette usurpation acquit une certaine force d'habitude, c'est par l'indifférence et le dédain des grands seigneurs, qui alors, et long-temps encore, n'eurent rien à envier aux rois ni en suzeraineté ni en fortune.

* Montgaillard : Introduction à l'histoire de France.

** Petit Carême : Sermon pour le jour des Rameaux.

Ce qu'il y a de capital, dans l'esprit de notre nationalité, c'est une sorte d'instinct conservateur qui a voulu maintenir le sceptre, la couronne, les insignes de la puissance gouvernementale et sociale dans une grande famille.

Donc, pour tout homme qui a bien compris nos annales, la translation de la couronne dans une branche différente de celle qui régnait avant juillet, n'est qu'un fait correspondant à un très grand nombre de faits pareils dans les commencements de notre histoire.

Les légitimistes insistent en citant cette loi : « Le roi ne « meurt pas en France. » Car cette loi, disent-ils, atteste le droit de l'hérédité qui est ici en litige.

Certes, il ne serait pas difficile de donner un autre sens à cette loi ; mais acceptons celui qu'on nous oppose, qu'en conclure ? Rien, si ce n'est que les légitimistes sont encore dans l'erreur.

En effet, on trouve dans un ouvrage de jurisprudence, et au même chapitre, les quatre lois suivantes * :

— *Le Roi ne meurt jamais.*

— *Qui veut le Roi, si veut la loi.*

— *Au Roi seul appartient de prendre tribut sur les personnes.*

— *Le Roi ne tient que de Dieu et de son épée.*

Mais si ces quatre lois ont été faites sous l'empire des mêmes idées de gouvernement, ce qui est incontestable, et si les trois dernières sont tombées par la force et les progrès de l'esprit moderne, l'on voudrait que la première fût intacte et restât éternelle ?

* Voyez Loisel : Institutes coutumières, t. I.

Les légitimistes répliquent par ce passage d'un célèbre jurisconsulte :

« Les attributs attachés à la couronne sont indépen-
« dants de toute autre puissance et ne peuvent recevoir
« d'atteinte par la possession contraire, la possession
« ne pouvant affaiblir une loi immuable. »

Mais qu'elle est la puissance qui a le droit d'attacher des attributs à la couronne, d'établir des lois immuables? Sont-ce les Rois? Sont-ce les peuples ou les représentants du peuple? Enfin, est-ce Dieu même. Il n'y a que ces alternatives.

Si ce sont les Rois, la puissance qui attache des attributs à la couronne est juge et partie dans sa propre cause; d'où elle est nulle.

Si ce sont les peuples ou les représentants du peuple, il est impossible de ne pas admettre qu'ils sont toujours les maîtres de changer les idées ou les institutions, suivant leurs besoins et leurs intérêts.

Si c'est Dieu, il faut nécessairement admettre une loi universelle et invariable qui veille au bonheur de tous. Or cette loi, nul ne l'a jamais appliquée au gouvernement des hommes.

Les légitimistes nous paraissent donc n'avoir rien à arguer, ni des faits ni des lois de notre pays, ni de la loi divine pour soutenir et défendre l'idée la plus culminante de leur cause.

Que si la partie la plus éclairée des légitimistes est impuissante devant les enseignements de notre histoire,

* Voyez Poullain du Parc : Principes du Droit français, liv. I, chap. II, *du Roi*, pag. 29.

que sera-ce de ces hommes qui sont légitimistes par superstition, par routine, par regret du passé, par un entêtement servile ou par intérêt personnel?

Voici ce qu'il faut reconnaître.

Depuis le seizième siècle et la grande mise en activité de l'imprimerie, depuis surtout la dernière assemblée des États-Généraux, la France s'est tellement agitée; elle a tellement pensé que la force sociale qui était jadis dans une caste, dans les minorités, est allée dans les classes moyennes, et s'y est fixée avec une tendance, non plus à monter, mais à descendre, à se généraliser de plus en plus. Ce sont les classes moyennes qui ont anéanti les restes de la féodalité, qui ont renversé la mauvaise monarchie de Louis XVI, qui ont demandé et obtenu notre Charte, qui ont lutté victorieusement contre le despotisme pendant toute la restauration; ce sont les classes moyennes qui ont provoqué, consommé, ratifié 1830.

Quoi! une minorité aristocratique, toute livrée à son égoisme, à ses caprices et à ses monomanies d'orgueil, aura eu le pouvoir de disposer jadis des destinées de la France; et les dépositaires de l'intelligence et de la fortune moderne, les classes moyennes, seront tous les jours témoins de criminelles tentatives contre ce qu'elles auront établi? Elles verront leurs gloires, leurs idées, leurs réformes, leur avenir menacés du même naufrage? Non, non, elles ne sauraient se résoudre à de pareilles humiliations, à de pareils mécomptes. *Je maintiendrai* sera aussi le cri de ralliement des classes moyennes.

« Il y a maladie, souffrance et désordre dans le corps politique comme dans le corps humain, » a dit un des publicistes les plus consciencieux de cette époque *. Quelquefois donc, s'il nous survient des maladies, des souffrances qu'une crise seule et un remède extraordinaire peuvent guérir; le corps social, une nation aussi a quelquefois besoin d'une crise, d'un remède extraordinaire pour se sauver. Ce fut un pareil besoin, une pareille nécessité qui souleva les classes moyennes contre un despotisme imminent, et accomplit la révolution de juillet.

Mais les légitimistes ne sont point encore édifiés sur leurs prétentions. Prenons les choses de plus haut.

A part la vérité religieuse et la vérité géométrique, les seules vérités qui soient absolues, qu'est-ce qui se présente à nous avec le caractère d'immuabilité, dans le monde? Rien: tout, au contraire, se modifie, subit mille et mille transformations. Etudiez la nature morte ou vivante, inorganique ou organique; partout, partout le mouvement mène au changement. Le géologue a admiré sans cesse des accidents de plus en plus inattendus dans les entrailles de la terre; l'astronome a observé, toujours observé des déviations dans la course des astres; les peuples d'Asie et d'Afrique, d'Amérique et d'Europe se sont agités, innovés; les empires les mieux constitués, les plus florissants sont tombés; et ce qu'une caste d'hommes privilégiés par la force brutale, aurait fondé dans des temps d'ignorance, serait invariable, éternellement beau, éternellement vrai! N'est-ce pas là le

* Voyez Restauration de la Société française, par M. de Lourdoneix.

plus détestable orgueil et la plus audacieuse impiété qui puissent peser sur une conscience chrétienne ?

Ainsi, les faits, les lois de notre civilisation nationale et la philosophie sont contre la condition *sine quâ non* de tout gouvernement français, d'après les légitimistes, contre l'hérédité *perpétuelle* de la succession au trône, de mâle en mâle, par ordre de primogéniture.

LA LÉGITIMITÉ DE LA MONARCHIE DE JUILLET.

Le grand tort et le grand malheur des hommes du passé, c'est d'avoir voulu établir des droits par des fictions et par l'autorité du temps, comme si un fait quelconque, mauvais en soi, pouvait jamais devenir normal, comme si une erreur pouvait jamais être une vérité. Un pareil système a introduit dans la société une effroyable confusion, une interminable série de cercles vicieux, où la réflexion et le fanatisme se sont réciproquement battus et poursuivis à outrance, sans aucun résultat définitif et profitable.

Un nouvel ordre de choses doit commencer.

Avant de parler de droit et de justice, il faut poser une pensée fondamentale dont la saine validité soit en dehors de toute discussion, une pensée d'après laquelle se décident le droit et la justice. Alors, et alors seulement, il sera permis de les invoquer.

Et où trouve-t-on cette pensée fondamentale?

Nul doute, dans la religion.

N'imitons pas ces hommes qui, invoquant sans cesse le mot religion, s'en laissent déloyalement attribuer le bénéfice moral, sans jamais se résoudre à accepter la responsabilité d'une explication quelconque. Ici, comme ailleurs, disons franchement ce que nous croyons être la vérité.

Qu'est-ce que la religion; c'est la règle, c'est le principe qui mène les sociétés au but que Dieu leur assigne.

Mais quelle est la religion qui est le plus en rapport avec la noblesse de notre origine, avec les instincts, les désirs, les besoins de notre nature, avec le progrès en tous sens que réclame impérieusement la raison? Quelle est la religion qui jamais ne s'épuise au développement de l'intelligence? Quelle est enfin la religion la plus digne de Dieu, la plus digne de l'homme?

C'est le Christianisme; d'où, à notre sens, qui parle de religion, parle du christianisme; qui parle du christianisme, parle de la religion.

Ainsi, le véritable esprit du christianisme est la meilleure religion, la loi unique, d'après laquelle on puisse décider ce qui est droit, ce qui ne l'est pas; ce qui est justice, ce qui n'est pas justice.

« Le commandement que je vous donne, dit Jésus-
« Christ, est de vous aimer les uns les autres comme
« je vous aime.

« Faites aux hommes tout ce que vous voulez qu'ils
« vous fassent, car c'est là la loi et les prophètes. »

Où y a-t-il jamais eu, où y a-t-il aujourd'hui des préceptes plus harmoniques avec la nature de l'homme, plus simples, plus intelligibles et tout à la fois plus féconds, plus compréhensifs que ceux-ci?

« Allez, instruisez les nations, dit ailleurs Jésus-
« Christ.

« Fait-on apporter la lampe pour la mettre sous le
« boisseau ou sous le lit; n'est-ce pas pour la mettre
« sur le chandelier.

« Car il n'y a rien de caché qui ne doive être dé-
« couvert, et rien ne se fait en secret qui ne doive pa-
« raître en public. »

Où y a-t-il un commandement plus positif, plus formel de propager la vérité et de développer l'intelligence de la créature?

« Il est aussi difficile à un riche d'entrer dans le
« royaume des cieux qu'à un chameau de passer par le
« trou d'une aiguille. »

Où y a-t-il un plus terrible avertissement contre l'aristocratie?

Cela posé, qu'on repasse toutes les idées qui ont servi de base à notre civilisation; l'on se convaincra que toutes sont diamétralement opposées à l'esprit du christianisme.

En effet, le christianisme invite les hommes à l'adoration de Dieu, à la sanctification de son nom, à la soumission à toutes ses volontés; et tout ce qu'il y a de piété dans le cœur social n'a servi qu'à la glorification et au despotisme d'hommes qui se disaient les mandataires de Dieu.

Le christianisme établit la loi de fraternité universelle; et notre vieille civilisation se partageait en deux camps, celui des nobles et celui des roturiers et vilains.

Le christianisme veut qu'on mette la lumière là où il y a ténèbres; et notre vieille civilisation ne vivait que de mystères et d'obscurités calculées ou routinières.

Le christianisme menace l'aristocratie de toute sa sévérité; et notre vieille civilisation était pieds et poings liés entre les mains de l'aristocratie.

Je sais que l'ignorance, le préjugé, la mauvaise foi iront chercher dans l'Évangile des interprétations contraires au sens des versets que nous avons cités; mais que nul ne s'étonne, le cas est prévu dans l'Évangile même *.

Si l'on considère toutefois le but social de la loi chrétienne, il est impossible qu'on justifie des interprétations opposées aux nôtres.

Depuis le temps qui sépare Jésus-Christ du dix-neuvième siècle, les successeurs des puissances sacerdotales et royales, c'est-à-dire les maîtres absolus du passé, n'ont que trop bien accompli pourtant les grandes séparations qu'avait prédites le fils de Dieu, sur le sens de sa parole.

« Durant les huit premiers siècles de notre histoire, « l'ordre religieux n'a pas été meilleur que l'ordre civil;

* Voyez le saint Évangile selon saint Mathieu, avec une explication tirée des saints Pères et des Auteurs ecclésiastiques, t. I, pag. 395—6.

« nous avons vu l'Église affermie dans sa domination, « mais nous n'avons pas vu la religion fondée sur la « recherche de ce qu'il y a de vrai dans le système de « l'univers, de pur dans le cœur de l'homme; nous ne « l'avons jamais vue d'accord avec cette révélation fon- « damentale que Dieu a gravée dans notre conscience. « Au contraire, pendant ces huit siècles nous avons « presque constamment vu le pouvoir de l'Église em- « ployé à troubler les notions du juste et de l'injuste, à « fausser les serments, à anéantir la morale; car rien « ne saurait être plus fatal, pour celle-ci, que le droit « que s'arroge le prêtre d'en tracer les règles et d'en « dispenser selon ses convenances. »

« Les Français n'étaient point les acteurs du drame « que présentaient leur histoire; ils n'en étaient que « les machines. Leur âme n'était pour rien dans les ac- « tions qu'on leur voyait accomplir; ils craignaient et « ils obéissaient. * »

Que si l'on étudie à tête reposée les principales influences qui nous ont gouvernés après l'expiration des huit siècles dont parle le célèbre historien, on reconnaîtra facilement que les abus dont il a révélé les scandales, se sont perpétués jusqu'à nos jours.

Il est donc démontré que par cela même qu'on n'a jamais accepté le christianisme dans son véritable esprit; il n'y a eu que des falsifications dans l'application de tout ce qu'il enseigne.

D'où il faut ramener notre civilisation à la religion,

* Voyez J. C. L., Simonde de Sismondi : Histoire des Français.

c'est-à-dire à la loi chrétienne, à la loi qui seule décide le droit et la justice.

Et comment ramener la civilisation à la religion, à la loi chrétienne? En la posant dans des conditions différentes de celles du passé.

Mais dans la pratique, comment opérer cette transformation? En mettant d'abord la première force sociale, le gouvernement, en rapport avec tous les intérêts, toutes les sympathies que protège la religion.

Or, la pensée, qui a créé la révolution de 1830, est en rapport avec tous les intérêts, avec toutes les sympathies que protège la religion; donc, en principe, cette pensée est éminemment religieuse; donc, le gouvernement, qui en est émané, est éminemment religieux en principe.

Impiété! mensonge! s'écrie-t-on avec dépit, dans un certain camp. Quoi! des hommes qui ont pillé l'archevêché, démoli Saint-Germain-l'Auxerrois, dévasté les églises, abattu les croix, sont religieux! quelle folie!

Du calme! les hommes qui ont commis les excès et les crimes que nous venons de signaler, n'ont pas plus fait la révolution de 1830, que les bourreaux de 93 n'ont fait notre première révolution; on ne peut donc pas plus conclure de leur conduite contre 1830, qu'on ne peut conclure des noyades, des égorgements de prisonniers contre cette première révolution. Et de même, que répondrait-on à des gens qui oseraient dire que la religion ou le culte sont mauvais en soi, parce que des insensés ou des fous furieux en ont si souvent abusé?

D'où il reste certain que le gouvernement de 1830 est religieux et chrétien, en principe;

D'où, seul, il mérite de s'appeler légitime; d'où, seul, il est en puissance de décider le droit et la justice;

D'où la légitimité de la monarchie de juillet est aussi supérieure à la légitimité de la monarchie antérieure à juillet, que la vérité est supérieure à l'erreur, que le droit est supérieur à la fiction du droit.

« Je crois à la souveraineté de la raison, de la « justice, du droit, dit M. Guizot, c'est le souverain « légitime que cherche le monde et qu'il cherchera « toujours. »

Gloire donc à la légitimité de la monarchie de juillet, puisque, religieuse par essence, elle renferme en elle toutes les souverainetés de la raison, de la justice et du droit.

« La légitimité, poursuit M. Guizot, a commencé « par l'usurpation, comme la liberté par l'anarchie; « mais aussi, à leur commencement, elles n'étaient ni « la légitimité ni la liberté. »

Il résulte de là que le principe invoqué en faveur de la monarchie antérieure à juillet, n'a donc été qu'une usurpation. L'histoire et le raisonnement d'ailleurs viennent à l'appui de cette opinion.

Tandis que la légitimité de la monarchie de juillet n'est qu'une expansion de la loi religieuse, de la loi suprême de justice et d'amour.

Voudrait-on maintenant qu'un principe d'autorité, imposé par l'usurpation, par la force brutale, par l'injustice et la violence, parvînt par un laps de temps plus ou moins considérable, à équivaloir au principe d'autorité établi en vertu de la loi suprême, de la loi religieuse, de cette loi qui tend à la félicité universelle? Voudrait-on qu'un droit conféré par la cupidité, par l'ambition d'un chef, pût balancer le droit conféré par la raison divine et humaine? Une telle prétention est trop inadmissible pour qu'on doive insister.

Après nos secousses et nos révolutions, vouloir ramener, pour le gouvernement de la France, un principe tout mystique, tout indépendant des choses et des hommes, c'est vouloir revenir au passé, à la foi aveugle dont on y vivait; c'est rejeter nos plus belles conquêtes nationales, c'est nier la vitalité de notre pensée moderne.

Ainsi tombe ce vieux colosse qu'on appelle la légiti mité de la monarchie antérieure à juillet, parce qu'il naquit au moins de l'erreur; parce qu'il n'a d'autre moyen de se soutenir que des fondements ruineux. Ainsi s'élève, au contraire, la légitimité de la monarchie de juillet, d'autant plus majestueuse, d'autant plus puissante qu'elle repose sur les idées sociales que sanctionne la religion, c'est-à-dire le christianisme.

JUILLET.

Quand il se forma sur notre sol une agrégation d'hommes constituant une société, les influences capitales, que les chefs de la société exploitèrent à leur profit, furent l'ignorance, le fanatisme et la guerre. Relativement à la science politique, les Gaulois d'Ammien Marcellin sont les mêmes que les Gaulois de Polybe, de Diodore de Sicile, de Strabon, de Denys d'Halycarnasse. En fait de science politique, les Gaulois ne connaissent que leurs poings et leur épée. Suivez attentivement la vie de toutes les peuplades, dont les historiens nous parlent avec prédilection, depuis la défaite de Comanus, la fameuse ligue de Catumandus, les expéditions de Bellovèse et de Sigovèse, jusqu'aux luttes plus ou moins sanglantes, plus ou moins glorieuses des Gaulois contre les Romains, jusqu'aux derniers successeurs de Domitien, jusqu'à l'épuisement de la vieille Rome, devenue incapable de conserver son autorité; partout absence de principe normal pour gouverner l'Etat; partout la puissance qui domine, c'est la force brutale.

Parcourons ensuite les annales de nos deux premières races et les commencements de la dynastie capétienne; scrutons l'esprit des croisades, les habitudes toutes guerrières des seigneurs, c'est-à-dire des hommes les plus influents; cette vanité qu'ils mettaient à brandir la lance, à bien manier la dague et à ne pas savoir signer; écoutons tout ce bruit, tout ce fracas du moyen-âge, ce laborieux et terrible enfantement de tant de choses contraires dans cette époque héroïque, où la faculté physique opéra tant de merveilles et excita tant d'enthousiasme, nous nous convaincrons que le pivôt principal de la civilisation française, depuis Clovis, fut à peu près celui de la civilisation purement gauloise ou gallo-romaine.

Cependant, à travers cette effroyable obscurité, où

n'avaient retenti si long-temps, et presque toujours, que des cris de guerre, la liberté, par fois, avait déployé son drapeau, et à côté du génie des batailles, qui parlait en maître absolu, il s'entretint un merveilleux instinct pour protester contre tout ce qui était tyrannique et oppressif.

Mais il semble que Dieu ait voulu nous attester l'infériorité de notre nature en plaçant les peuples comme les individus dans la nécessité de subir diverses transformations intellectuelles, avant qu'ils ne s'élèventà des affirmations définitives et normales; aussi les habitants de la Gaule commencèrent leur combat contre l'oppression et la tyrannie, sans ordre et sans plan. Ils furent maladroits, imprévoyants dans leur attaque, dans leur défense; ils eurent trop l'orgueil de leur force et de leur franchise; ils ne comprirent point et ne cherchèrent pas même à comprendre la stratégie de leurs adversaires. Et de là vinrent tant de conspirations inutiles, tant de complots insensés, tant de caricatures de révolutions; de là le tort, très grave et très réel, d'avoir troublé le pays pour rien. Tant il est vrai qu'en certaines circonstances on peut être coupable, même avec le droit pour soi.

Heureusement, l'expérience aidant, l'on se ravisa. Les coups, qu'on dispersait auparavant de tous côtés, se décidèrent sur des points fixes; on frappa sur les minorités, puis sur les hommes qui étaient l'expression de la tyrannie; on se ligua enfin contre l'unité qui était la source de cette tyrannie.

Et alors la lutte changea d'objet pour les peuples;

elle fût dirigée contre une idée, contre une mauvaise idée. C'était encore du désordre, un épouvantable désordre ; mais remplacer l'hostilité, contre la force brutale oppressive par l'hostilité contre une force intellectuelle et métaphysique, était un progrès; la France s'affermit dans ce progrès en supprimant les données de l'ancienne monarchie.

Et depuis, qu'avons-nous vu, les peuples se sont déclarés en France contre tous les détails importants de la vie sociale. Ainsi, guerre contre les abus de l'esprit religieux; guerre contre les abus de l'administration politique; guerre contre les abus de la législation; voilà ce qui comble le vide entre la boucherie humaine de 93 et Bonaparte.

Ici la guerre contre les abus, s'arrête sous l'effort continu d'un bras de fer et d'un caractère de bronze; ici, il se fait une grande et longue diversion à cette guerre par une horrible mêlée de forces brutales.

Mais Bonaparte mort comme puissance politique, la guerre sainte, la guerre recommence en faveur de la science sociale; elle continue sa fonction d'intelligence, de moralité, d'harmonie; elle s'étend, elle se généralise d'autant qu'on a plus rudement comprimé son essor. Et, dès ce moment, elle s'adresse universellement à tous les mauvais principes de l'activité humaine.

Elle ne se borne plus à attaquer la pensée religieuse, administrative, législative, dans ce qu'elle a de faux et d'abusif, elle attaque aussi :

D'abord les procédés industriels, manufacturiers, agricoles, commerciaux;

Les méthodes qui servent à développer l'esprit humain;

Les moyens de répandre les vérités utiles, la littérature, la peinture, la sculpture et l'art en général, inspirant tour à tour Lamartine, Foyatier, Ingres, et toutes les capacités réelles de cette époque.

Ensuite elle attaque la philosophie; elle écrase sous ses pieds toutes les vieilleries psychologiques dont vivait l'école; elle chasse avec dédain tous les mauvais pastiches d'une philosophie exotique et fastueusement oiseuse.

La guerre est enfin sur chaque partie culminante de la surface sociale; déjà elle a proclamé un nouveau monde; il ne lui manque plus qu'à créer un pouvoir vivant capable d'y faire raison; un grand cri retentit aussitôt; la France se lève comme un homme; juillet éclate; une nouvelle dynastie vient faire raison au nouveau monde qui vient d'éclore.

Réunissons maintenant toutes les forces de notre intelligence :

Qu'a-t-on voulu en juillet?

Substituer le pouvoir du droit au bon plaisir;

Substituer la loi à des fantaisies ministérielles;

Substituer l'intelligence à la force brutale;

Substituer l'empire de la religion à la tyrannie du sacerdoce;

Substituer le principe de fraternité universelle au principe de la caste;

Substituer le principe des services réciproques entre les hommes au principe de domination absolue et d'obéissance toute passive.

Pour résumer en d'autres termes, qu'a voulu juillet? Mettre notre civilisation en accord parfait avec la justice et le droit; tous les maux en effet qu'a combattus juillet, la justice et le droit les combattent; toutes les améliorations qu'exige et provoque juillet, la justice et le droit les exige et les provoque. Qu'est-ce à dire? C'est que tous les hommes qui repoussent juillet, repoussent en définitive la justice et le droit; or, repousser la justice et le droit, c'est repousser le christianisme dans son esprit et ses applications les plus importantes, les plus sacrées; c'est se priver de la seule et immuable vérité, capable d'éclairer et de guider les hommes.

Et que vient-on nous dire que juillet n'est que le résultat d'une comédie de quinze ans, l'explosion d'un complot? Croyez-vous donc que toute une nation se lève unanimement à la voix de quelques mécontents? Croyez-vous donc qu'une idée soit accueillie avec le même enthousiasme sur tous les points d'un royaume, quand cette idée n'est que l'expression des besoins d'une minorité? Croyez-vous donc qu'on puisse corrompre les neuf dixièmes d'une immense population pour mener à sa fin une ténébreuse conspiration? Quel aveuglement et quelle calomnie!

Que vient-on nous dire encore que juillet n'est qu'une modification de la charte, des pouvoirs publics de la chambre des députés, de la chambre des pairs, de l'exercice de la prérogative royale? Quelle mesquinerie!

L'histoire ancienne et moderne a compté des gouvernements habiles; mais quelque hardie, quelque téméraire même que puisse paraître cette opinion, il n'y a jamais eu, ni dans l'histoire ancienne, ni dans l'histoire moderne, un seul gouvernement *social.*

Quels qu'ils aient été, tous les gouvernements, sans aucune exception, n'ont agi qu'à côté du véritable point de vue où il faut être pour conduire normalement les destinées des peuples; toujours ils ont séparé des choses inséparables. On a mis la pensée gouvernementale sur un plan, et la société toute entière sur un second plan tout isolé du premier; il en est résulté que la pensée gouvernementale *ossifiée,* toujours la même sur sa base, a été de jour en jour dépassée par la société qui grandissait sans cesse, et dominée invinciblement par les forces croissantes que la société acquérait de siècle en siècle, d'année en année, d'instant en instant.

Cette desharmonie tient à des causes qui l'expliquent facilement.

Dans l'antiquité même la plus régulière, point de Dieu *un;* point de principe *un;* point de principe qui pût servir à harmoniser toutes les facultés et tous les actes sociaux.

Dans le moyen-âge, mauvaise interprétation du Dieu *un* et du principe *un*, du principe chrétien, du principe régulateur.

D'ailleurs, le gouvernement ayant commencé au milieu d'hommes qui n'avaient d'autre préoccupation que la bataille et le partage du butin, il fut nécessairement circonscrit dans une sphère très étroite; et la routine l'y maintint, même à des époques où les facultés intellectuelles et morales étaient, elles aussi, devenues une puissance.

Que, si descendant de ces hautes généralités, nous parlons de la France, nous dirons qu'elle n'eut jamais elle-même un gouvernemental *social ;*

Ni sous l'ancien régime, à cause de l'ignorance féodale, à cause du despotisme royal et sacerdotal ;

Ni sous la république, à cause des embarras quotidiens que lui suscita l'absolutisme ;

Ni sous Bonaparte, parce qu'il fallait trop combattre pour ses aigles ;

Ni sous la restauration, parce qu'elle présenta à peu près les mêmes obstacles que l'ancien régime ;

Ni jamais, parce que nul de ses gouvernants ne se douta même de la nécessité d'harmoniser tous les éléments qui composent la vie d'un peuple.

En juillet, la pensée gouvernementale cessait d'être un dogme, un article de foi dans une absurde immobilité ; elle quittait la place unique, le point purement politique et presque imperceptible où elle s'était fixée de temps immémorial, et où les passions et les progrès humains la tourmentaient impitoyablement. Forte de ses droits, elle allait et revenait en tout sens ; elle dominait toute l'activité française ; elle la réglait dans toutes ses résolutions, dans tous ses mouvements, dans tous ses desseins ; elle était l'œil éternellement ouvert sur toutes les parties de notre civilisation ; elle était l'esprit toujours souverain et toujours prêt à accepter les développements de notre intelligence nationale ; elle était à la France ce que Dieu est au monde. Jamais il n'avait éclaté sur le globe une révolution plus compréhensive que celle de juillet, et c'est cela même qui fait du principe de 1830 la plus noble, la plus légitime de toutes nos révolutions.

Juillet était une régénération de la société toute entière; il était aussitôt après, une régénération du pouvoir.

Par malheur, de tous les ministères, pas un n'a semblé comprendre juillet, ni dans sa portée philosophique, ni dans son esprit pratique.

N'importe? acceptons juillet, juillet le glorieux, comme la fin de l'époque de lamentations et de douleurs, où les nations ont vu la justice et la vérité traitreusement livrées à la tyrannie; acceptons-le comme l'aurore des temps où la justice et la vérité vont être enfin normalement appliquées; acceptons-le comme le principe du premier gouvernement social.

Le christianisme et juillet sont les deux ères de bénédiction que Dieu a comptées dans les temps pour ennoblir de plus en plus les travaux, la vie et la fin de chaque peuple *.

89 ET 1830.

Il est des gens qui ne cessent de comparer 1830 à 89. Il importe de bien préciser la valeur de ces deux époques.

89 N'avait qu'un but principal, c'était de modifier le pouvoir, l'esprit gouvernemental et tout ce qui s'y rap-

* « La révolution de 1830 a consacré une *ère* nouvelle » dit M. Dupin.

portait. Cette œuvre, toute difficile qu'elle fut, 89 l'accomplit.

Juillet avait une tache autrement grande, autrement importante; il avait mission aussi de modifier le pouvoir qui revenait obstinément aux idées que 89 avait démolies; mais il étendait l'esprit de modification, de perfectionnement à toute l'activité française; il allait de la reforme politique à la reforme de l'esprit religieux, moral, artistique, littéraire et spéculatif, il provoquait une réédification universelle.

89 N'avait touché directement qu'au gouvernement; 1830 a touché directement au gouvernement et à tous les éléments sociaux.

D'où juillet est à 89, ce que le ciel est à une étoile, ce que la mer est à un fleuve.

89 Est le père de juillet; mais le fils a mille fois plus de génie social que le père.

Juillet est donc bien supérieur à 89 en puissance civilisatrice.

Qu'on cesse donc de vanter 89 au préjudice de 1830; une constituante, une convention, un directoire ne seraient aujourd'hui que des faits radicalement inutiles.

LE CHRISTIANISME ET LA MONARCHIE.

On a tellement faussé le sens de ces deux mots christianisme et monarchie; on les a tellement calomniés, traînés, galvaudés que, pour la grande majorité des Français, le christianisme, appliqué à la politique, n'est ni plus ni moins qu'une utopie à la Jean-Jacques, une rêverie d'après M. l'abbé de Saint-Pierre; et que la monarchie ne passe que pour une pensée rétrograde. Bien plus, les prétendus penseurs de cette époque ne croient pouvoir conserver la supériorité qu'ils s'adjugent eux-mêmes, qu'en considérant dédaigneusement l'adoption du christianisme et de la monarchie comme une faiblesse d'esprit.

Eh bien, tous ceux-là, qui méprisent le christianisme et la monarchie, ne prouvent qu'une chose, c'est qu'ils n'ont jamais étudié ces deux termes et qu'ils ne se doutent pas même de leurs virtualités.

Non, cent fois non, l'esprit du christianisme n'est pas l'esprit du catholicisme ultramontain.

Non, cent fois non, le véritable esprit de la monarchie n'est pas cet esprit despotique qui en a été déduit généralement jusqu'à notre siècle.

Le christianisme et la monarchie que nous provoquons sont ces deux principes régulateurs qui suffisent à accepter et à coordonner toutes les améliorations que peuvent réclamer les facultés humaines.

Pour nous, si Dieu est l'unité souveraine qui gouverne le monde, le christianisme est le principe unitaire et souverain qui gouverne et doit gouverner les civilisations; comme la monarchie est le principe unitaire et souverain qui, secondé dans son développement et ses applications par l'intelligence et les sympathies de chaque époque, interprète, de mieux en mieux, les inspirations de Dieu, du christianisme, et harmonise tous nos actes.

Que le christianisme disparaisse du monde, le monde retombe sous l'empire de la loi naturelle, que chacun applique suivant ses passions.

Que le principe monarchique s'efface, il n'y a plus de modérateur de l'action et du progrès social.

Nous l'avons dit, et nous ne cesserons de le répéter; toutes les vérités, qui ont pénétré parmi les hommes, ne sont que du christianisme.

Et de même, tous ceux-là qui ont présidé aux destinées d'un peuple quelconque, n'ont été que des monarques, depuis Périclès ou Junius Brutus, jusqu'à Alexandre-le-Grand, depuis Scylla jusqu'à Jakson, depuis Cromwell jusqu'au gonfalonnier de Saint-Marin.

D'ailleurs, quels sont les adversaires du christianisme et de la monarchie?

Les idéalistes, les philosophes qui n'ont foi qu'à l'intelligence de l'humanité.

Mais quel est le résultat de leurs recherches? qu'ils rompent enfin le silence après tant de promesses; nous les défions en face du monde civilisé, de rien articuler qui ne soit mille fois mieux formulé par le christianisme.

Quel est ensuite leur moyen pratique de faire passer à l'application ce qu'ils ont trouvé, si tant est qu'ils puissent jamais rien trouver; nous les défions encore de rien préciser qui l'emporte sur le procédé monarchique.

Finissons en avec tous ces bavardages, avec toutes ces jongleries, tout ce charlatanisme, prétendus philosophiques ; finissons-en avec toute cette morgue si pédantesque. Ce qu'il faut aujourd'hui, ce n'est pas de laisser là le présent qui a besoin de vivre, pour se lancer, avec quelques enthousiastes, dans un avenir incertain, et se donner ainsi, à peu de frais, le semblant du génie ; ce qu'il faut, c'est de veiller sur ce présent, c'est de le comprendre dans ses douleurs, dans ses joies et dans ses tendances ; c'est de lui apporter tous les jours le pain qui fortifie.

La véritable science est simple, parce qu'elle est puissante, d'une puissance toute native ; elle ne dédaigne pas, elle observe ; elle ne théorise pas sans cesse, elle applique. Renversons donc toutes ces méchantes philosophies dont on leurre tant de nobles intelligences. La véritable et la seule gloire de cette époque ne consiste et ne peut consister qu'à bien saisir le sens du christianisme et à y faire droit par le développement d'une nouvelle virtualité de la monarchie.

La plus vaste pensée qui ait germé, muri et fructifié dans une tête d'homme ; la pensée de Fourier n'est, dans ce qu'elle a de beau, d'utile et de vrai, qu'une application de la loi chrétienne. Qu'est-ce donc par rapport au christianisme que cette vieille statue de l'idéalisme, toute galonnée de clinquant, d'oripeaux et de mauvaises friperies ramassées dans les coins et recoins des estaminets de l'Allemagne et de la Prusse?

D'un autre côté, les esprits les plus larges et les plus exercés aux affaires dans l'antiquité et dans le moyen-âge ; les esprits les plus larges et les plus exercés aux affaires parmi nous, se sont toujours déclarés pour la monarchie. Encore aujourd'hui, les « quatre-vingt-« dix-neuf centièmes des habitants de l'Europe obéis-« sent à des monarques*. »

Qu'est-ce donc, eu égard à la détermination du procédé gouvernemental, que toutes ces imaginations juvéniles qui, excitées par un galvanisme de collége et trompées par quelques faux prophètes de progrès, se sont prises à ne rêver que de destructions royales et monarchiques?

Le christianisme et la monarchie restent donc intactes sous les coups de l'idéalisme.

Mais après les idéalistes, les libéraux se présentent, qui regardent le christianisme comme n'ayant aucune puissance politique, comme n'étant qu'une institution d'église et de sacerdoce. Mais alors comment les libéraux sanctionnent-ils les réformes qui ont eu lieu dans toutes les parties de l'ordre social? Comment sanctionnent-ils les innombrables développements de l'industrie, la liberté de la presse et de la tribune, toutes ces lois organiques écloses de nos révolutions? Tous ces bienfaits divers ne sont donc que des caprices du moment, des fantaisies ministérielles à tout instant révocables! D'ailleurs, que les libéraux examinent bien ce qui se passe autour d'eux? Au nom de qui prête-t-on serment dans les tribunaux? Au nom de qui conclut-on les traités? Au nom de qui a-t-on toujours légitimé les pouvoirs dans les temps anciens comme dans les temps

* Études sur les Constitutions des Peuples libres, pag. 334, par Sismondi.

modernes? Au nom de qui a-t-on juré et jure-t-on, quand on demande une garantie sacrée pour sa parole? Toujours, toujours au nom de la religion; toujours et toujours au nom du christianisme.

Une troisième catégorie s'agite encore contre le christianisme. Ici sont des hommes dont l'instinct brutal et sauvage ne voit de beautés sociales que là où il n'existe plus de principe religieux. A ces démons politiques, il n'y a rien à répondre. Qu'ils réfléchissent seulement, s'ils peuvent réfléchir, et bientôt ils apprendront eux-mêmes, qu'autant il est glorieux de déclarer une guerre à mort aux mauvaises idées, autant il est absurde et contraire au bonheur d'un pays de lui dérober de justes croyances pour l'aventurer dans un abîme de passions et de théories.

« Descendez au fond des choses, dit un des écrivains « les plus éloquents de cette époque; dégagez le prin- « cipe puissant qui fermente sans interruption au sein « de la société entière, des mobiles pensées, des opi- « nions fugitives et vaines qui s'y mêlent accidentelle- « ment; que trouvez-vous, sinon le christianisme? Ce « que veulent les peuples, ce qu'ils réclament, avec « une persistance que rien ne lasse, avec une ardeur « que rien ne refroidit, n'est-ce pas l'abolition du règne « de la force pour y substituer celui de l'intelligence et « du droit*. »

« Les jurisconsultes de l'ancienne Rome avaient allié « l'étude de la philosophie à celle de la jurisprudence;

* Affaires de Rome, par M. de La Mennais.

« ils en avaient fait la science des choses divines en « même temps que la connaissance des choses humaines. « Pothier sut aussi allier l'étude des lois humaines avec « les divins préceptes de l'Evangile. Sa philosophie était « celle de ces hommes sages qui connaissent en même « temps la dignité de leur origine et les bornes de leur « intelligence ; qui, par un effort sublime, élèvent leur « âme au-dessus des erreurs et des vanités de la terre, « pour ne la rendre attentive qu'aux vérités du ciel ; « qui se courbent avec respect sous le joug aussi doux « qu'honorable de la religion, en pratiquent les maxi- « mes ; qui ne trouvent de vrai bonheur pour l'homme « que dans une philosophie chrétienne. »

C'est ainsi que M. Dupin, aîné, parle de l'Évangile et de la philosophie chrétienne *. M. Dupin n'est pas suspect, je pense.

Après tous ces dires, il reste démontré, que comme il est impossible à qui que ce soit de trouver une forme gouvernementale meilleure que la monarchie, la monarchie convenablement développée, suivant les besoins de la civilisation, est le meilleur principe pour la direction des sociétés.

Il reste démontré, à plus forte raison, qu'aucune vérité religieuse connue n'étant supérieure au christianisme, ni en étendue, ni en profondeur, ni en sainteté, le christianisme est la loi suprême des sociétés ;

D'où, à plus forte raison, la loi chrétienne est la seule loi qui puisse décider le droit et la justice ;

* Dissertation sur la vie et les ouvrages de Pothier.

D'où tout ce qui a été fait contre l'esprit de cette loi, est faux, est mal;

D'où presque tous les pouvoirs dits légitimes, dans l'histoire ancienne et moderne, ne sont qu'illégitimes, en principe, parce que presque tous dérivent purement et simplement de la force brutale;

D'où, en principe, toutes les légitimités de l'Europe ne sont que des illégitimités, parce qu'elles dérivent toutes de la force brutale;

D'où, en principe, le pouvoir de la monarchie antérieure à juillet n'est point légitime;

D'où la monarchie de juillet, qui seule des monarchies anciennes et modernes est en accord parfait avec la loi chrétienne par son origine, par ses tendances, par sa destination, est la seule monarchie légitime qui existe et ait jamais existé;

D'où la monarchie orléaniste, en principe, est la plus morale et la plus fortement constituée de toutes les monarchies passées et présentes.

LES FOUS POLITIQUES.

Les hommes politiques n'ont employé jusqu'à présent que deux procédés pour gouverner la société :

Ou ils ont parlé au nom de leur raison individuelle, en se tenant dans le terre-à-terre des faits;

Ou ils ont invoqué des exemples tirés du passé pour

justifier leurs idées et combattre les idées de leurs adversaires.

Rien ne nous paraît plus faux qu'un pareil système d'argumentation.

Parler au nom de sa raison ou au nom des faits pour gouverner, c'est exposer le monde à de perpétuels contre-coups, à des oscillations sans fin, à d'éternels paralogismes; et, par malheur, c'est là le système qui a prévalu.

Cependant l'observation la plus superficielle aurait dû apprendre :

Qu'un supérieur peut seul imposer des règles de conduite à un être intelligent et libre *;

Que le seul supérieur admissible aujourd'hui, c'est la raison humaine inspirée par la raison divine, par la raison religieuse, par la raison chrétienne;

Que sans ce supérieur, sans cette raison divine et humaine, les rois ne sont que des tyrans heureux;

Que nul n'a droit de commander, que nul n'est tenu d'obéir;

Que ce qu'on appelle crime aujourd'hui sera vertu demain et réciproquement;

Que tout ce qu'on fait pour ou contre un gouvernement n'est qu'un non-sens continu qui attend un nouveau non-sens, jusqu'à ce que le peuple, acteur et témoin d'une pareille tragi-comédie, tremble, soit devant l'épée de quelque soldat, soit devant les haches

* Voyez le t. x de l'Encyclopédie moderne de Courtin, au mot Droit.

d'un dictateur, ou qu'il porte à son tour la terreur à l'âme de ses maîtres.

Dans l'antiquité, Amasis donnait des lois de par Mercure; Xamolxis et Zoroastre, de par Vesta; Menou et Brigu, de par Bramah; Menès, de par Osiris; Rhadamante et Minos, de par Jupiter; Lycurgue, au nom d'Apollon; Numa, au nom d'Égérie *.

Et de même, quand un Druide parlait et ordonnait chez les Gaulois, c'était au nom de Tentatès.

Tant il est vrai que, même parmi les peuples les plus grossiers, le premier besoin universellement compris et senti a été le besoin d'une idée culminante qui ratifiât le pouvoir, et sanctifiât l'obéissance.

Et les ministres de juillet, au nom de quel Dieu et de quelle religion ont-ils agi? Au nom de quel Dieu et de quelle religion ont-ils fait la guerre aux doctrines des Trélat et des Berryer, des Carrel et des Kergorlay? Au nom de qui, au nom de quoi ont-ils prétendu gouverner la plus noble et la plus grande nation de la terre?

Qu'en Turquie, le Cheik-ul-Islam (le grand Muphti) affirme que tout vient du sultan et n'existe que par le sultan; soit. En France, on ne veut plus obéir qu'à un principe, à une haute pensée. Ministres de juillet, où est votre principe, où est cette haute pensée?

« Plus d'une révolution a secoué le monde, dit un « grave penseur ** : il n'en est aucune où les opinions, « les élans de l'esprit humain aient eu plus de part que

* Voyez les Fastes universels, par Buret de Longchamps.

** M. Guizot.

« dans la nôtre. Contradiction bizarre ! On s'acharne « contre les principes, les doctrines, les théories; on « les poursuit comme un fléau de nouvelle sorte; on « leur impute tout le mal que nous avons souffert, et « en même temps on les traite de vains songes. On « tremble devant les idées et on n'en veut tenir compte « que pour avoir peur. Il y a là je ne sais quel témoi-« gnage d'insolence et de faiblesse dont on est tenté de « sourire et de s'irriter à la fois. Que Louis XIV, du « haut de son trône et dans l'état de sa gloire, ne vît « dans le Télémaque qu'une satire, et dans Fénélon, « qu'un rêveur mécontent, cela se conçoit : le gouver-« nement de Salente n'était en effet que l'utopie un peu « chimérique d'un poète, homme de bien. Mais prenons « garde, les temps sont changés; ces opinions qui, di-« tes-vous, sont de si peu de poids ont renversé et fondé « des empires...... Qu'après de telles expériences et un « tel état, le pouvoir affecte pour les idées un dédain « pareil à celui que peut leur porter le roi de Siam ; en « vérité, je ne sais pas de terme pour qualifier une telle « fanfaronnade dans un tel aveuglement. Certes, jamais « la politique ne prit plus mal son temps pour insulter « à la théorie. »

Eh bien, cette insolence, cette faiblesse, cette fanfaronnade que signalait M. Guizot, il y a quatorze ans, il y a lieu de les signaler aujourd'hui plus que jamais. Non, à aucune époque de notre histoire on ne vit plus d'indifférence, plus de mépris pour les principes qu'au temps où nous sommes. On dirait même que, depuis la révolution de juillet, nos hommes d'État n'ont que la mission d'étouffer toute pensée supérieure à la raison humaine, d'en faire perdre toute trace aux générations, comme dans l'espoir insensé de régner plus tranquillement avec leurs idées personnelles.

Mais concurremment avec les hommes qui prétendent gouverner la société, en vertu de leur autorité privée, marchent au milieu de nous d'autres hommes qui ne sont pas dans une meilleure voie : ce sont ceux qui arguent du passé contre l'élection orléaniste.

Nous, ne nous lassons point de le répéter : le passé n'a jamais eu de règle sincère pour les actes qui se rapportaient, soit au gouvernement, soit aux gouvernés ; d'où il résulte que les Rienzi n'ont pas mieux fait et n'ont pu mieux faire que les Calonne ; les Cromwell, pas mieux que les Charles I ; la Convention et le Directoire, pas mieux que Louis XVI ; d'où il résulte que toute révolution quelque temps incertaine dans ses résultats, n'a tourné en définitive qu'à déplacer quelques intérêts matériels, et à ramener les peuples à l'ancien état de choses contre lequel on avait dirigé la révolution. Aussi, sans aucun doute, l'Athénien ou le Romain qui aimait le plus son pays était celui qui se déclarait le plus énergiquement pour le *statu quo*.

Les révolutions, qu'il ne faut pas confondre avec les émeutes et les troubles qu'occasionnent des ambitions déçues et des désirs coupables, les révolutions sont toujours saintes dans leur principe, parce que toujours elles attestent un changement et un progrès d'esprit dans le peuple qui les accomplit ; mais les révolutions ont été et sont toujours dangereuses quand elles se sont faites ou qu'elles se font sans une haute pensée capable de régler leur action et leur tendance.

Or, la révolution de juillet portait avec elle ses moyens d'ordre, d'activité, d'harmonie sociale; c'est une haute justice qui y a présidé; donc il n'y a aucune analogie entre la révolution de 1830 et les révolutions des temps passés; donc on a tort de s'autoriser de ce qui a eu lieu chez les autres peuples pour accuser et menacer juillet.

LE PEUPLE.

Le peuple! s'écrie-t-on dédaigneusement, le peuple, c'est la populace et la populace n'a que faire d'une pensée de mission sociale. Répondons sur le champ à de pareilles impiétés.

Dans le langage philosophique, le peuple c'est tout le monde : le roi est peuple comme le pauvre.

Dans le langage politique, le peuple est l'ensemble de tout ce qu'il y a d'honnête et d'utile dans un pays, de tout ce qui possède, de tout ce qui travaille régulièrement et légalement, de tout ce qui est intéressé à l'ordre et à la prospérité publique.

Ainsi, la cause du peuple est la cause de l'harmonie physique, intellectuelle et morale; elle est la cause des majorités.

Malheureusement on à rattaché au peuple une foule d'idées absurdes qui n'ont servi qu'à compromettre sa position et sa dignité. Rien n'est plus pernicieux qu'un sot ami.

Arrêtons-nous à celle de ces idées qui retentit le plus haut et qui conserve le plus de prestige pour les têtes étroites ; c'est-à-dire pour les têtes les plus obstinées. Parlons de la souveraité du peuple.

Qui dit souveraineté, dit puissance, autorité suprême;

Qui dit autorité suprême, dit faculté de faire sans contrôle tout ce qu'on veut.

Eh bien, prenez ce mot peuple dans le sens philosophique ou politique; donnez au peuple ce qu'on désigne par souveraineté nationale. Entendez-vous bientôt toutes ces myriades de jugements,

Sur le point de départ,
Sur les moyens,
Sur le but,

triple condition *sine qua non* de tout acte social?

Quoi donc! comptez-vous pour rien les ignorances, les jalousies et les haines, les ambitions des familles et des particuliers? Ne savez-vous pas que la prodigieuse diversité des visages n'est rien encore en comparaison de la diversité des esprits et des caractères?

Peut-être les partisans de la souveraineté du peuple voudront que, toute monarchie supprimée, le peuple agisse par des représentants. Mais quoi! n'y aura-t-il pas toujours un représentant qui l'emportera sur ses confrères? Mirabeau n'a-t-il pas été le monarque de la constituante; Robespierre n'a-t-il pas été le monarque de la convention; et, tout récemment encore, Raspail et Trélat n'étaient-ils pas successivement les monarques de ce royaume républicain qu'on avait traduit aux assises ?

Tout doit se faire pour le peuple et dans l'intérêt du peuple; voilà une vérité géométrique. *Tout doit se faire par le peuple* est une monstrueuse erreur qui ne peut profiter qu'aux ennemis du peuple.

Constatons les situations que peut traverser le peuple.

Quand il est ignorant, quand il ne sait rien de la loi de son existence, le peuple n'a rien de mieux à faire que d'obéir ; l'obéissance la plus passive est son unique moyen de salut.

Quand il commence à s'instruire et à réfléchir, le peuple acquiert l'exercice de ses droits légitimes, et ces droits se multiplient en raison directe de sa réflexion. Son existence change ; de toute passive qu'elle était, elle devient active, et de plus en plus elle participe au pouvoir.

De l'obéissance passive à l'exercice des droits sociaux est toute la distance qui sépare la plus infime de la plus haute situation du peuple. Si par la réflexion il a acquis des droits, par l'exercice de plus en plus rationnel de ces droits, il marche à la liberté.

Le peuple qui voit ses droits acquis, reconnus et favorisés dans leur développement par le pouvoir qui le gouverne, est au maximum de sa dignité.

Il y a tyrannie et oppression le jour où le pouvoir veut méconnaître les droits acquis au peuple, comme il y a anarchie le jour où le peuple abuse de ses droits pour empiéter sur l'existence du pouvoir.

Ainsi la plus haute prérogative du peuple, du moins encore, consiste et ne peut consister qu'à confier les droits acquis aux hommes qui sont l'expression la plus sincère de ses besoins et de ses tendances, pour qu'ils en usent dans l'intérêt des meilleurs principes connus et pour le bien général, sous l'empire d'un principe unitaire, du principe monarchique, auquel tout aboutit.

D'où il résulte que si nous ne partageons pas les idées absolutistes sur le peuple, nous sommes loin, très loin de partager celles de ces anonymes politiques qui ne jurent que par la souveraineté du peuple.

Ce qui reste certain pour nous, c'est que ce qui représente le peuple a une immense valeur, une immense force morale; en effet, là où le peuple s'agite, le pays est agité; là où le peuple est tranquille, le pays l'est aussi.

Ne craignez jamais de révolutions de ce qui est au-dessous du peuple. Le peuple seul a le droit et la puissance de les faire; et voilà pourquoi toutes les révolutions apportent toujours au monde une grande idée et une grande leçon.

Le peuple est le cœur de la société, comme le roi en est la tête.

D'où le plus grand crime du passé, c'est d'avoir dédaigné le peuple; d'où, rapporter l'œuvre de juillet au peuple, c'est la rapporter à tout ce qu'il y a de plus honorable par nature, de plus paisible par besoin, de plus progressif par nécessité.

LE PROGRÈS

A ce mot de progrès, certains hommes font un signe de défiance et d'incrédulité; pour eux, en effet, la société est comme un quadrilatère à base fixe où tout est arrangé, ordonné, disposé d'après des lois invariables, en telle sorte que le moindre déplacement dans le quadrilatère est une faute, un crime, un principe de désorganisation, de désastres, de révolution enfin. Et quand ces hommes ont prononcé le Raca révolutionnaire, tout est dit: ils sont aussi sûrs d'avoir raison qu'en affirmant qu'il ne faut pas outrager sa mère.

Mais la société est-elle un quadrilatère à base fixe? Non.

La société vient-elle de Dieu? Oui.

Les hommes ont-ils quelque avantage sur la brute? Oui.

Quel est cet avantage? l'âme, l'intelligence, *mens agitat molem.*

Or, à quoi peut servir l'intelligence? si ce n'est à acquérir des rapports par les objets extérieurs, à former des jugements par ces rapports, à former des raisonnements par ces jugements, à former des systèmes par ces raisonnements, à connaître enfin la vérité, toute la vérité.

Mais Dieu est inépuisable dans ses bienfaits; la nature est inépuisable dans ses richesses; donc il y a toujours lieu à découvrir de nouveaux rapports, de nouveaux jugements, de nouveaux raisonnements, de nouveaux systèmes, de nouvelles améliorations.

Donc la société n'est pas un quadrilatère à base fixe ; donc elle se modifie ; donc elle change nécessairement, providentiellement, divinement ; donc vouloir enchaîner le monde social entre quatre limites une fois données, est tout ce qu'il y a de plus contraire à la vérité, de plus impie, de plus anti-chrétien, de plus anti-religieux.

La grande faute de nos adversaires, c'est de vouloir que la société vive pour eux et de ne pas vouloir vivre pour la société ; c'est de mesurer le délai nécessaire pour l'application du progrès à la durée de la vie individuelle.

L'on reprend aussitôt « qu'ont produit jusqu'à pré-
« sent les révolutions et les progrès? les peuples sont-
« ils plus heureux, plus moraux? les ressources socia-
« les sont-elles plus nombreuses ? »

Admettons la négative, quoiqu'elle soit démentie le plus souvent par les faits et la vérité ; mais demandons à nos adversaires le nom d'un pays et une date historique où les hommes qui ont accompli les révolutions et le progrès, aient agi en vertu d'un principe capable de modérer ce qu'il y a de trop fougueux dans les passions sociales, d'exciter tout à la fois ce qu'il y a de trop inerte dans les rouages des gouvernements et des administrations.

Nos adversaires sont muets. Quoi donc ! les hommes auront voulu pousser leurs semblables à la révolution et au progrès, au nom de leur orgueil, de leur vanité, de leur ambition, et ils ne se seraient pas trompés ! ils auraient compromis follement la sécurité des peuples et des empires, et ils n'auraient pas été frappés de l'anathême divin !

Ainsi, au lieu d'accuser le progrès qui est un bienfait du ciel, accusons les hommes qui ont été assez insensés pour croire qu'ils avaient le droit de modifier les éléments sociaux, au nom de leur raison personnelle.

L'intelligence, qui est la plus noble valeur de la terre, n'est puissante qu'autant qu'elle s'appuie sur les vérités éternelles : il résulte donc que jusqu'au siècle où nous sommes, le mal n'a pas été seulement un fait conséquent, avant, pendant et après l'accomplissement des révolutions, mais encore un fait nécessaire; car il est écrit que nous ne pouvons rien sans les secours de la sagesse divine.

Le progrès n'est point un mouvement du caprice humain : il est une nécessité essentielle de l'activité humaine bien dirigée.

« L'homme ne vit pas seulement de pain, il vit de « toute parole qui sort de la bouche de Dieu. »

Ainsi pour faire vivre l'homme dans son état normal, il ne suffit pas de lui donner du pain, d'entretenir uniquement sa faculté matérielle; Dieu et le Christ commandent surtout d'exciter sans cesse ses facultés intellectuelles et morales.

Donc les puissants, rois, empereurs, autocrates qui se bornent et ne veulent se borner qu'à donner *du pain* au hommes, manquent essentiellement à la loi de progrès, à la loi la plus sainte des sociétés, à la loi de l'Évangile et à leur devoir le plus sacré.

Ce calme qu'on obtient des peuples, en pourvoyant uniquement à leur bien-être matériel, est cette mauvaise paix dont parle l'Écriture; cette mauvaise paix que la parole de J.-C. doit tôt ou tard faire cesser.

Tant que la royauté et le sacerdoce purent rester ligués, à la condition que « la royauté serait toujours « maitresse, et que le sacerdoce rendrait des oracles ou « opérerait des miracles pour faciliter l'exercice de la « royauté *, » il fut permis d'espérer qu'on immobiliserait l'intelligence, que l'on comprimerait toujours cette pensée de progrès qui tendait à sortir impétueusement de tous les points de la surface sociale. Mais de puis cent ans environ, voilà qu'on a débattu toutes les questions possibles et imaginables; voilà que le sceptre et la tiare ont été agités avec une violence inouïe; voilà que les hommes de tout âge et de toute condition ont pénétré de bas en haut, de haut en bas toutes les couches de la civilisation. Qui donc oserait se flatter aujourd'hui d'endormir les peuples loin des voies du progrès?

Que si maintenant nous appliquons le progrès à la société française et à ses nécessités les plus urgentes, nous ne conclurons pas que la monarchie est un principe à détruire parce que la monarchie a failli autrefois et peut encore faillir; nous ne conclurons pas davantage que le peuple est une brute à museler, parce que le peuple s'est trompé et peut se tromper plus gravement encore; mais nous dirons purement et simplement que, pour être en progrès, nous devons instruire la mo-

* Voltaire, t. 42, pag. 149.

narchie et le peuple pour les faire marcher d'accord vers le but assigné à l'humanité.

Chercher le progrès de la France ailleurs, ne nous paraît qu'une grossière extravagance.

MONARCHIE-TYPE.

Mais la monarchie de juillet une fois admise, dira-t-on, c'en est fait de tous les autres trônes; c'en est fait de tous les trônes d'Europe; les peuples n'ont plus qu'à renverser leurs rois.

Au premier aperçu, l'objection est sérieuse; elle se réduit à néant avec un peu de réflexion.

Les peuples sont entre eux comme les hommes, relativement à l'instruction et aux dispositions sociales; les uns n'ont que des instincts peu significatifs, d'autres ont des instincts plus virtuels; ici, ils sont aptes à être bacheliers politiques; plus loin, licenciés; ailleurs ils ont une capacité de doctorat; qu'on nous passe cette comparaison.

Et vous voudriez que les peuples, qui en sont encore à l'instinct social, agissent comme les peuples bacheliers, licenciés ou docteurs? Mais savez-vous que, pour l'individu seulement, du baccalauréat au doctorat, il doit s'écouler plusieurs années passées dans l'étude et dans la réflexion.

Cette règle de distinction est la première lettre de l'alphabet politique, et il semble qu'on l'ait toujours méconnue. Ainsi, de ce que l'Angleterre et la France étaient constitutionnelles, on a cru devoir constitutionnaliser de suite tous les royaumes d'Europe; on a fait de la propagande à tour de bras, en dépit des traditions, des habitudes particulières aux divers pays; on a secoué les cœurs et les têtes en tout sens, en Espagne, en Italie, en Allemagne, partout où l'on a eu accès.

Une telle manière de procéder est tellement absurde, qu'aucune langue ne fournit de termes pour la caractériser convenablement.

Depuis quarante siècles que l'humanité s'agite dans les continents connus, c'est à peine si l'on a pu, je ne dis pas faire comprendre, mais seulement propager deux ou trois idées.

Depuis qu'on parle de réforme en Europe, c'est à peine si l'on a compris les premiers éléments de la science politique.

Et les peuples s'illumineraient ensemble des mêmes doctrines, à la voix de quelques poitrines enthousiastes, à la parole de quelques têtes chaudes!

Folie, folie, cent fois folie!

Nous l'avons déjà dit, et nous ne saurions trop le répéter, il est des circonstances où le progrès politique peut se précipiter partout dans le monde, comme un rayon électrique; mais ces circonstances sont très rares.

D'où, en thèse générale, le système de propagande, autre que la propagande rationnelle et paisible que la religion commande, est tout aussi absurde que le système d'intervention à main armée.

Un peuple porte toujours en lui une valeur particulière qui ne ressemble à la valeur d'aucun autre peuple.

Ainsi la France, qui a formulé 1830, l'a formulé en vertu de principes, de forces et d'antécédents qui lui appartiennent en propre, et dont aucune nation ne doit ni ne peut s'autoriser.

Juillet est la plus pure et tout à la fois la plus haute et la plus large représentation du droit et de l'harmonie sociale; il est, en principe, aux autres gouvernements ce que le beau est au laid; il ouvre la dernière période de l'art de régner; il est l'expression de la raison nationale la plus réfléchie et la plus éclairée de la terre entière; l'expression de la raison française. Il est un fait tout exceptionnel; il est au monde civilisé ce que le christianisme fut au monde romain, une usurpation aux yeux du vulgaire, mais une sainte initiation devant Dieu, une initiation qui prend sa force même dans sa dérogation aux règles communes.

Juillet est donc un phénomène social dont on s'éclaire, mais qu'on ne copie pas.

Ainsi les royautés étrangères n'ont rien à craindre, ni de juillet ni de la dynastie orléaniste qui en est la vivante image. S'il est de principe pour nous que la monarchie est le meilleur et le seul procédé possible pour gouverner les hommes, il est de principe aussi que le moyen le plus avantageux, pour éviter les discordes et les calamités publiques, est de laisser l'exercice de chaque pouvoir national dans la famille la plus riche de souvenirs.

Les familles royales seront donc toujours et toujours les directeurs privilégiés des peuples et de leur civilisation respective, à la condition toutefois de quitter leurs vieilles idées pour monter dans la sphère chrétienne, dans la sphère du perfectionnement, du progrès.

Que si de la théorie l'on descend à la pratique, l'on se convaincra de plus en plus que la dynastie, juillet-d'orléans, loin de menacer les trônes, décuple au contraire leurs forces.

En effet, jusqu'à présent, royauté, monarchie n'ont signifié en général que le règne de la force brutale, de la fiction, de la ruse, de la mauvaise foi, du bon plaisir.

Grâce à juillet et à la dynastie orléaniste, royauté, monarchie doivent signifier le règne du droit, de la justice, de la vérité.

Jusqu'à présent les royautés ont comprimé toutes les tendances, tous les efforts des peuples vers la liberté, et ont sans cesse vécu en état d'hostilité contre ce qu'elles appelaient leurs sujets.

Grâces à juillet et à la dynastie orléaniste, les royautés doivent provoquer ces tendances, ces efforts tant de fois maudits, parce qu'elles sont en puissance de les régler.

Juillet et la dynastie orléaniste donnent enfin aux trônes une base religieuse qui leur a toujours manqué en réalité; et par là ils éternisent ces trônes dans une immuable majesté;

D'où la dynastie orléaniste en principe est la monarchie-type, comme le christianisme est la religion-type;

D'où, la plus sainte mission de la France aujourd'hui est d'éclairer, de protéger le principe de cette dynastie; car ce principe vient commencer enfin l'alliance intellectuelle et morale des rois et des peuples.

TOUT LE MONDE A TORT; TOUT LE MONDE A RAISON.

Ce qui rend l'administration très difficile surtout en France, c'est qu'il se fait dans la stratégie intellectuelle d'aujourd'hui le même désordre que nous avons signalé dans la stratégie de la force matérielle d'autrefois. D'un autre côté, comme la moindre parcelle de vérité donne droit de bourgeoisie à un système, et comme chacun des innombrables systèmes existants a quelque idée juste et utile, il résulte que les systèmes et les écoles restent en présence, toujours en lutte et toujours impuissants, parce qu'ils se contrebalancent tous dans l'opinion publique.

Expliquons notre pensée par des faits.

Il y a des hommes, de grands écrivains, qui jettent de magnifiques manifestes de liberté dans le monde; ces hommes ont tout à la fois tort et raison; ils ont raison, parce qu'on ne saurait jamais trop répéter aux sociétés qu'elles sont appelées à de glorieuses destinées; ils ont tort, parce que, plus que d'autres, ils devraient joindre les moyens pratiques à la théorie; ils ont tort, à plus forte raison, si, sacrifiant leur patrie à des antécédents importuns, à d'injustes ressentiments ou à de chétives passions, ils craignent de passer pour rétrogrades, en précisant ce qui convient à nos actualités. Rien n'est plus facile que de faire gronder à grand bruit les mots liberté, patrie, démocratie et autres; rien n'est plus difficile au contraire que d'appliquer leur signification au présent. Pourquoi donc les grands écrivains préfèrent-ils les exaltations de la jeunesse, les joies, les fougues et l'indépendance spéculatives au bonheur de rassurer leur pays, en fortifiant un pouvoir qui est en lui-même la résultante de toutes nos illustrations sociales?

Ailleurs sont des philosophes qui ne cessent de répéter qu'ils ont foi dans un meilleur avenir; ceux-ci ont encore tort et raison; ils ont raison, parce que sans beaucoup d'efforts d'imagination, on peut affirmer que l'avenir connaîtra plus de rapports, plus d'idées que nous; ils ont tort, parce que, dévoués à des temps qu'ils ne peuvent ni comprendre ni satisfaire, ils négligent le présent qui réclame à grands cris leur assistance.

Là paraissent les républicains; ils ont raison, parce que la république est pour eux un gouvernement escorté de toutes les vertus politiques, un gouvernement sans mélange de passion; ils ont tort, parce que jusqu'à présent tout ce qu'on a appelé république n'a été en réalité qu'une méchante monarchie déguisée; parce que les hommes qui se disent républicains parmi nous ne s'entendent sur rien; parce que tant s'en faut que les partisans du républicanisme soient exempts de haine, d'envie, d'ambition et de tout ce qui engendre les calamités publiques; ils ont tort, parce qu'une république nous mettrait en guerre ouverte avec toute l'Europe, et nous coûterait ainsi, en quelques années, plus que ne coûterait, en un siècle, une monarchie, même largement rétribuée; ils ont tort, parce que, dans l'état d'anxiété où sont les partis en France, une république, en admettant qu'elle ne fût pas une tuerie quotidienne, compromettrait indéfiniment les progrès en tout sens que nous avons conquis avec tant de peine et par tant de sacrifices.

Mais voici les hommes de mouvement; ils ont raison, en reprochant au pouvoir d'avoir amorti, traîné terre à terre l'esprit public, l'esprit de gloire sociale; ils ont tort, en ce que, toujours prêts à l'attaque, ils restent incapables de rien formuler pour accomplir noblement la tache de leur époque.

Voici venir les hommes de résistance, les hommes de ce je ne sais quoi, qu'on appelle juste-milieu; ils ont raison, parce que mieux vaux rester stationnaire que de marcher sans savoir où l'on va; ils ont tort, parce qu'ils ne cherchent aucun principe à l'aide duquel ils puissent guider les peuples, en toute sécurité.

Voici les hommes de l'ancien régime; ils ont raison, parce que la *cause libérale, soutenue et propagée, comme elle l'a été, comme elle l'est, en l'absence de tout grand principe religieux, ne peut mener les rois et les peuples qu'à l'abîme*; ils ont tort, parce que le premier devoir des gouvernants est de mettre l'existence des peuples en rapport avec le développement intellectuel que prescrit la religion.

Et de même, après avoir parcouru tous les partis, interrogé toutes les spécialités artistiques, scientifiques, manufacturières, agricoles, on reconnaîtra que si *partout il y a du vrai, partout aussi il y a du faux.*

A toutes ces difficultés, ajoutez celles que produisent les manies si généralement répandues de parler de politique, sans qu'on ait le moindrement réfléchi sur ses premiers éléments, sans qu'on ait lu, même une seule page de notre histoire; ajoutez-y encore celles qu'enfantent de fausses sentimentalités, l'orgueil, les ambitions déçues et les ambitions naissantes, l'indifférentisme, l'amour du soi, la confusion perpétuelle qu'on fait des principes et des hommes, de l'intérêt public et de l'intérêt privé; n'y a-t-il pas là, dans toutes ces desharmonies, de quoi rompre la tête la plus robuste et décourager le plus intrépide patriotisme?

Qui donc pourra faire luire la lumière là où il y a tant d'obscurité? Qui donc pourra mettre l'ordre là où règne un si effroyable chaos? Qui donc pourra nous ramener tous à une juste appréciation des choses? Qui donc pourra nous unir dans une même pensée, dans un même effort, dans une même tendance pour le bonheur de la France?

Nul doute, le principe de la dynastie orléaniste.

DANGERS D'UNE RESTAURATION.

Jugeons maintenant la pensée de juillet et la position orléaniste sous un autre point de vue.

Supposons que par la trahison, l'incapacité de quelque ministère ou par une cause quelconque, la dynastie de juillet disparût et fût remplacée par Henri V.

Sur qui s'appuierait le représentant de la monarchie antérieure à 1830?

Incontestablement sur le principe même de l'ancienne monarchie et sur ses symboles les plus significatifs, les nobles et les prêtres.

Or, et ceci est un axiome social, l'Eglise et ses ministres avec leur esprit actuel, le seul esprit qu'ils croient encore devoir admettre à l'exclusion de tout autre, ne s'entendront jamais avec la cause libérale; et c'est envain qu'on leur fera des avances pour les capter, les attirer à juillet, ils auront toujours horreur de juillet et de ses conséquences. 1830 n'est et ne sera longtemps encore pour l'Eglise qu'une époque d'afflictions, une ère de persécution et de martyre.

D'un autre côté, Henri V devrait employer ou les vieux royalistes, les hommes qui, nés sous l'empire d'opinions absolutistes, ont adopté ces opinions comme un héritage de famille, comme une maxime d'honneur; ou les jeunes générations légitimistes qui se vantent aussi de comprendre le progrès.

Donc, nécessairement et forcément, Henri V marcherait d'abord avec le sacerdoce dans une direction tout opposée à celle de l'esprit national. Ensuite, il mettrait lui-même le trouble parmi ses fidèles; car les jeunes générations légitimistes qui sont rétrogrades par rapport à nous, seraient trop avancées pour les vieilles générations légitimistes.

D'où, avec les éléments naturels de sa royauté, Henri V ne vivrait que d'éléments tout-à-fait contraires à la pensée de la France et à la tranquillité publique.

D'où, haï des majorités intelligentes, heurté en tout sens par les divisions inévitables qui éclateraient entre ses défenseurs, le gouvernement de Henri V ne serait pas viable.

Jusqu'ici nous avons admis contre toute probabilité que la restauration de Henri V s'est accomplie sans coup férir, pacifiquement, c'est-à-dire avec les chances les plus favorables pour elle, et cependant il nous a été facile de démontrer l'impossibilité de sa durée.

Supposons maintenant qu'une restauration se fît à main armée; Français contre Français, frères contre frères, amis contre amis, qu'arriverait-il? On apporterait au cœur de la nation, un moment surprise, un ferment de haine qui finirait tôt ou tard par éclater sous le trône et le renverser. Les peuples n'aiment pas plus que les hommes à passer pour inconséquents.

Supposons qu'une restauration eût lieu, à l'aide de bayonnettes étrangères, deux questions immenses s'éleveraient; la question d'honneur et la question d'argent.

La France ne pardonnerait jamais à Henri V son avènement au trône; et roi intrus, Henri V paierait de sa couronne sa témérité de prince, d'autant que la question d'argent serait plus difficile à résoudre.

Savez-vous combien la France eut à payer par suite du retour de Bonaparte, en 1815, soit pour les indemnités, soit pour la construction des forts, soit pour l'entretien des troupes d'occupation ?

Elle eut à payer 1,590,000,000 ; toute l'Europe prit part à la curée; nous pourrions dresser ici un tableau synoptique de toutes les répartitions faites ; nous nous bornerons à dire que

L'Angleterre eut	208,400,000 fr.
La Prusse	299,400,000
L'Autriche	211,400,000
La Russie	183,400,000

Et ainsi de suite au prorata de l'importance ou de la force des États; encore même, la France fut-elle heureuse que les cours prépondérantes eussent déféré l'arbitrage de cette affaire à un homme aussi droit et aussi juste que le duc de Wellington.

Eh bien, si les cabinets absolutistes de l'Europe se décidaient à armer pour Henri V, il ne s'agirait de rien moins pour eux que d'anéantir enfin la cause libérale. N'en doutons pas, les armements seraient d'autant plus considérables qu'il faudrait se mesurer contre une nation plus puissante et plus opiniâtre dans ses idées. Les frais de la guerre, si nous étions vaincus, seraient énormes, écrasants, bien au-dessus du chiffre de 1815. La France voudrait-elle d'une royauté dont la première condition d'existence serait la ruine de la chose publique ?

Supposons néanmoins que nous consentissions à accepter une restauration effectuée par une sainte alliance; que tordant nos richesses et nos trésors, la France payât ce qu'on lui demanderait. N'est-il pas vrai que dans les idées de Henri V, la monarchie est inconciliable avec le développement de l'intelligence générale, de la raison démocratique?

N'est-il pas vrai cependant que ce développement est un fait acquis à la France par l'expérience nationale et par la loi religieuse, et que ce fait est la tendance la plus caractérisée, la plus irrésistible des temps modernes?

Donc, après avoir été en desharmonie complète avec l'esprit national par les prêtres et par les nobles, le gouvernement de Henri V serait en desharmonie complète avec ce même esprit dans toute sa pensée, dans tout son ensemble. Pourrait-il se soutenir?

Mais admettons encore qu'après avoir subi une restauration, faite pacifiquement, ou par surprise, ou par le moyen d'armées étrangères, après avoir payé les frais d'une guerre toute dirigée contre nos plus belles gloires, la France arrivât à un tel degré de faiblesse physique qu'il ne lui fût plus permis de remuer sans être brutalement réprimée et châtiée; croyez-vous qu'elle perdit jamais le souvenir de ses luttes et de ses combats acharnés contre l'oppression et contre les idées anti-sociales. N'espérez point de pareils résultats. Il est de loi divine que le peuple, que les masses s'éclairent de plus en plus. Le peuple et les masses s'éclaireront de plus en plus malgré tous les efforts de la tyrannie et de l'égoisme aristocratique, malgré tous les soins qu'on prendra pour honorer la faculté matérielle et nous donner les jouissances de la sensualité. Le martyre pour les idées est un doux martyre. Vouloir immoler des hommes pour immoler des idées, c'est jeter dans la terre les semences d'une nouvelle race, toujours plus redoutable que la race exterminée; c'est y jeter des idées toujours plus fécondes que les premières; c'est renouveler les prodiges numériques signalés par Tertullien dans les premiers siècles de l'Eglise chrétienne.

Soit pourtant une dernière hypothèse; supposons donc que le pouvoir absolutiste, recommencé en France par Henri V, fût et restât toujours vainqueur des tentatives dirigées contre son principe, la compression aurait son terme. Il viendrait un temps où les peuples ne prendraient conseil que de leurs indignations long-temps amassées, de leurs colères long-temps suspendues, de leur désespoir poussé à bout; et alors un grand cri serait entendu au centre du monde civilisé; toute l'Europe serait ébranlée et renversée sur ses vieilles bases.

« Il faut appuyer les gouvernements sur les nations, « si l'on ne veut pas périr au milieu des trônes, dit un « historien estimable; se dissimuler cette vérité, quel- « que douloureuse qu'elle puisse être, ce serait tenir « les yeux fermés à la lumière et courir bride abattue « sur le bord des abîmes. »

D'où, le gouvernement de la branche aînée est radicalement impossible par son principe même;

D'où, par son principe même, le gouvernement orléaniste est le seul admissible en France.

DANGERS DE LA SITUATION ORLÉANISTE.

Mais toute solide que soit en elle-même la situation orléaniste, il est des dangers, de très grands dangers qui la menacent chaque jour, et personne ne veut les voir. Eh bien! nous qui avons durci notre âme à toutes les sévérités d'un isolement absolu pour avoir le droit de faire notre œuvre en paix, pour avoir le droit de chercher la vérité, toute la vérité et de la proclamer à haute voix, signalons-les ces dangers, car là où la dynastie orléaniste périclite, juillet périclite, et là où juillet périclite, malheur à la civilisation, malheur à la liberté.

Le danger le plus imminent pour la royauté orléaniste, c'est l'absence où elle vit, où elle semble vivre, de toute force intellectuelle et morale.

Qu'ont à répondre les serviteurs de la dynastie orléaniste, quand on leur demande pourquoi ils sont sous le drapeau de juillet, plutôt que sous le drapeau blanc? Rien; on dirait que le gouvernement issu de juillet, est un gouvernement de hasard, qu'un coup de vent peut renverser d'instant en instant.

Le premier besoin de cette dynastie est donc une haute pensée religieuse dont l'interprétation et l'enseignement soient en rapport avec notre raison nationale.

Il ne suffit pas à cette dynastie d'avoir eu le baptême de sang sur la place publique; il lui faut un baptême tout différent pour la sécurité des consciences qui l'ont acceptée; il ne lui suffit pas de faire des routes et des canaux, d'achever des édifices publics, de donner du travail aux ouvriers qui en manquent, d'entretenir les vivres à bon marché, de venir au secours de familles nécessiteuses, de conserver le bon esprit qui règne dans la plus vaillante armée de l'Europe; il lui faut un argument de bon aloi pour répondre à toute espèce d'objections.

Avant de construire une maison, on doit poser des fondements; avant de lancer un vaisseau à la mer, on doit s'être pourvu d'une boussole et d'une ancre; avant de réparer un édifice, on doit être à même d'exhiber ses titres de propriété.

Or, le fondement, la boussole, l'ancre, le titre de propriété de la dynastie orléaniste était la religion la plus capable de satisfaire au progrès et à l'harmonie démocratique. Pourquoi donc a-t-on paru dédaigner son secours?

Serait-ce que la religion aurait été regardée comme un hors-d'œuvre? Mais la religion n'est pas seulement une nécessité sociale, elle est aussi une nécessité pour la famille et pour l'individu.

Serait-ce qu'on craindrait de fâcheuses ressemblances avec l'ancien régime; mais la religion de l'ancien régime n'était qu'une espèce d'idolâtrie sacerdotale, eu égard à la véritable religion, la seule que puisse réclamer juillet.

En quoi donc la dynastie orléaniste aurait à craindre d'avouer la religion, d'avouer le véritable christianisme pour règle absolue de ses actes et de ses tendances?

Quand Bonaparte fut maître de la France, il n'eut rien de plus pressé que de s'appuyer sur la religion. Seulement, malgré son génie, Bonaparte confondit ou se plut à confondre des choses dissemblables. En croyant s'occuper de religion, il ne s'occupa que du culte et de juridiction ecclésiastique.

La dynastie orléaniste doit faire plus que Bonaparte. Non-seulement elle doit veiller aux formes extérieures d'un culte public, il faut qu'elle pose la religion comme la vérité capitale de la terre, comme le principe de tout gouvernement.

Ce qui augmente de jour en jour les espérances des légitimistes; ce qui les rend si fiers, ce qui cause leurs joies secrètes, toutes les fois qu'il éclate quelque grande desharmonie morale, c'est le principe religieux dont ils s'autorisent, tout mauvais qu'il soit d'ailleurs, non par lui-même, mais par les explications qu'ils lui imposent.

Que la religion soit donc la première préoccupation de la royauté et de la civilisation orléaniste. Entre la religion telle qu'on l'entendait autrefois, et la religion telle que la raison divine, la raison des hommes, la raison orléaniste doivent l'entendre, il y a une différence égale à celle qui existe entre la nuit et le jour.

Le premier danger, l'absence de toute idée religieuse, est plus funeste qu'on ne pense. Et, en effet, devant les efforts persévérants du parti légitimiste, multipliant de jour en jour ses organes et ses moyens d'action avec les apparences d'un principe religieux, seule garantie d'ordre en tout temps et en tout lieu, que d'hommes, de ceux-là même que nous voyons aux crèches de juillet, qui se font un mérite, un honneur, presque un devoir de rester neutres? Combien qui vont jusqu'à flatter du geste et du regard l'opinion absolutiste? Combien qui hantent ses adeptes par prédilection? Combien qui aiment à dire en chuchottant qu'ils sont victimes de besoins de famille? Combien qui attendent, espèrent même une restauration? Combien, enfin, qui jamais n'ont osé et n'oseront jamais se confesser franchement orléanistes?

Une pareille inintelligence, une pareille lâcheté, une pareille sottise sont peu importantes au premier aperçu, mais elles acquièrent une très haute gravité, quand on les scrute avec attention; car elles prouvent que les ennemis de juillet et de sa dynastie sont près du gouvernement lui-même.

Ailleurs l'on s'efforce d'accréditer l'idée que Louis-Philippe mort, c'en est fait de la dynastie orléaniste; que son règne n'est qu'un protectorat temporaire pour préparer lentement les voies au duc de Bordeaux.

Plus loin, il semble qu'on affecte de ne jamais parler du prince royal; partout on dirait une réticence convenue, comme pour que plus tard, l'on ne s'étonne point de le voir éliminé par le duc de Bordeaux.

Toutes ces malveillances diverses s'effacent, sans doute, devant l'opinion générale qui voit la gloire et le bonheur de la France dans la pensée de juillet, dans la pensée qui a posé la couronne sur la tête de la famille orléaniste ; elles occasionnent toutefois dans le pays de ces pénibles tiraillements qui nuisent beaucoup à l'unité de vues, si nécessaire et si vivement désirée par tous les esprits éclairés, par toutes les consciences honnêtes.

Examinez maintenant le népotisme ministériel, les incapacités qu'il produit ; suivez de l'œil les apathies des sinécuristes pour tout ce qui se rapporte à nos gloires et à nos félicités publiques. Comment donc voudriez-vous que juillet accomplît ses destinées, ainsi piétiné par tant de favoris ignares, par tant de serviteurs infidèles, par tant de viveurs indifférents, par tant de monarchistes sans roi?

Mais indépendamment de ces dangers, il en est d'autres qui doivent fixer particulièrement l'attention de ceux qui comprennent le principe de juillet et de la dynastie orléaniste.

Au-dessus d'un clergé qui, malgré sa jeunesse, n'en est pas moins l'espoir des hommes dévoués aux belles inspirations de la religion et de l'intelligence sociale, s'élève une puissance ecclésiastique qui a grandi à travers nos orages révolutionnaires, et surtout pendant la restauration ; il faut la craindre cette puissance, car elle sait feindre, se composer, se tourner et se retourner avec une merveilleuse adresse ; il faut la craindre, car sous le froc de l'humilité, elle ne rêve qu'empire ; il faut la craindre, car il n'est pas d'ambition plus active et tout à la fois plus vivace que la sienne ; il faut la craindre, car elle tient encore les consciences, les âmes, et elles les tient avec d'autant plus d'opiniâtreté qu'elle se voit, tous les jours, au moment de les perdre; il faut la craindre, car elle se présente comme appuyée sur le meilleur principe de socialité, le christianisme, quoiqu'elle ne soit qu'à côté du véritable esprit du christianisme; il faut la craindre, car elle est partout, dans les salons de l'opulence, comme dans l'échoppe de l'ouvrier, dans la cabane du laboureur; il faut la craindre, car la dynastie orléaniste personnellement, l'aura pour ennemi direct ou indirect, jusqu'à ce que la politique libérale, la politique chrétienne subjugue tous les cabinets de l'Europe et du monde entier.

Il est surtout un danger que tous les amis des réformes utiles et de la force dynastique qui seule peut les réaliser, doivent prévenir, c'est celui qui naîtrait de tendances ministérielles à recomposer l'ancien régime.

La France en masse n'est pas apte, il est vrai, à prononcer sur les mille et mille détails qui constituent le gouvernement, mais elle est très capable de bien juger un ensemble de faits. Et c'est là cette virtualité qu'on appelle l'opinion publique, la première force d'un état où l'on pense.

Ainsi, pendant la restauration, il s'était formé un système gouvernemental qui devenait de plus en plus contraire à nos beaux souvenirs nationaux; la France renversa ce système; cela devait être.

Mais, par ce renversement, l'opinion publique exprimait la volonté bien positive d'avoir un gouvernement dont l'esprit serait diamétralement opposé à celui de l'ancien. Admettre une autre interprétation de 1830 serait admettre un effet sans cause ; ce qui est absurde.

Aujourd'hui donc, vouloir tourner dans l'étroit giron de l'ancienne monarchie ; vouloir s'appuyer et s'équilibrer comme elle ; vouloir n'admettre d'autre pensée politique que celle de la branche aînée, ne serait pas seulement une faute, ce serait un crime, une provocation incessante à la colère publique, à de nouvelles crises, à de nouvelles anxiétés, à de nouvelles catastrophes.

Quand un pouvoir est rétrograde par principe, un tel pouvoir est coupable sans doute envers la raison divine et la raison humaine ; toutefois on peut, jusqu'à un certain point, justifier ses actes.

Mais quand un pouvoir a été créé uniquement pour rompre avec une pensée gouvernementale mauvaise, et que néanmoins ce pouvoir se complait dans les voies qu'il a fallu ravager, un tel pouvoir est en contradiction avec sa cause première ; il est félon à la patrie ; il ne saurait vivre long-temps.

Supposons maintenant que les ministères orléanistes persistent à rester en dehors de juillet ; prenez-y garde. Le duc de Bordeaux vient d'acquérir une grande position. Pupille d'un empereur ; aimé, chéri d'un czar, assisté de l'intérêt tout particulier que nous accordons, nous surtout Français, au malheur ou à la persécution ; secondé par les Puissances qui trouvent toujours avantage dans les maux de notre pays ; secondé en outre par une notable portion de nos plus riches propriétaires fonciers et de nos plus riches capitalistes, il gagnera dans l'opinion autant que le duc d'Orléans y perdra.

Jusqu'à présent, nous nous sommes principalement occupés des dangers intérieurs qui menacent la dynastie orléaniste; mais notre tâche n'est pas encore achevée.

Si la cause orléaniste est la cause de la religion et de l'humanité; si pour cela même tout ce qui porte une intelligence élevée et une âme exempte de mauvaises passions doit se dévouer à son principe, à son idée-mère, indépendamment des individus qui peuvent y faillir, il ne faut point se le dissimuler, cette cause est mise à l'index par toutes les cours de l'Europe; car, ne s'étant jamais élevés à l'intelligence exacte et précise d'une loi religieuse applicable à la politique, les rois ont regardé l'absolutisme comme le seul moyen de conserver leur autorité.

Les cours prépondérantes de l'Europe surtout sont les ennemis-nés, les ennemis constants de juillet. Et envain feraient-elles des protestations d'amitié, de bon vouloir par elles-mêmes ou par leurs ambassadeurs; il y a sur la couronne de chaque cour une consécration originelle, consécration de la force brutale qui restera toujours hostile à la consécration orléaniste, consécration toute rationnelle et toute divine. Les sceptres européens pour la plupart ne peuvent pas plus s'allier avec le sceptre de juillet que la violence, l'illégalité ne peuvent s'allier avec le droit, avec la justice éternelle. Et ne pensons pas que cette hostilité vienne des hommes, des monarques; nullement; il est des monarques, même absolutistes, qui comprennent très bien les nécessités du présent. Cette hostilité est dans les principes, dans les choses mêmes, et c'est là ce qui la rend toujours instante et toujours dangereuse.

Devant ces inimitiés, que fera la dynastie orléaniste? Elle sera calme et patiente dans sa force; elle donnera au monde l'exemple d'une grande nation de plus en plus heureuse à l'aide d'une grande idée qui favorise et règle le développement de la liberté; elle respectera les traditions de chaque peuple; elle regardera même comme un crime d'y toucher, laissant au temps le soin d'éclairer graduellement les autres rois et les autres peuples, par cette sainte initiation, toute de raison et de morale, que le christianisme nous recommande comme un de nos devoirs les plus sacrés. Mais, si jamais quelqu'un menace le principe qui lui a donné le sceptre, que cette dynastie soit terrible, qu'elle soit implacable; Dieu le voudra.

On peut se convaincre, par ce rapide exposé, que juillet et la monarchie de juillet sont, par leur force même, en lutte permanente contre des dangers réels et imminents. Comment sortiront-ils victorieux de cette crise? C'est ce que nous allons chercher.

L'OPPOSITION.

Quand les Bourbons de la branche aînée revinrent parmi nous en 1815, ils se virent tout à coup entourés d'une foule d'hommes qui, attribuant vaguement les souffrances de leur exil à ce qu'ils appelaient vaguement révolutions et révolutionnaires, auraient voulu supprimer les trente années, les trente siècles qui venaient de s'écouler. Il se forma même une association plus royaliste que Louis XVIII lui-même, et parmi ces patriotes de nouvelle espèce, il ne s'agissait de rien moins que de détruire la charte, de refouler en bas les classes moyennes et ce qu'on qualifiait de classes inférieures, pour donner le trône social à la noblesse et au clergé.

A cette époque naquit l'opposition constitutionnelle, et par ses combats quotidiens contre toutes les tendances de l'ancien régime, au profit de nos plus belles traditions nationales, elle acquit des droits, non-seulement à la reconnaissonce du peuple français, mais à celle de tous les peuples; Benjamin Constant, Manuel, Laffitte, Foy, Odilon Barrot représentaient admirablement l'esprit de toutes nos batailles contre l'oppression; et de là ces quinze années de triomphes et de poésies populaires pour tout ce qui marchait contre l'oriflamme du droit prétendu divin.

Mais l'opposition avait vaincu en juillet; elle avait rompu toutes les barrières qui l'empêchaient de passer pour l'accomplissement de ses destinées. Aussi, au lieu d'être force combattante, elle était naturellement force *dirigeante;* elle était naturellement ministère et pouvoir; à elle les sympathies nationales; à elle la majorité dans les chambres; à elle l'application de ces myriades d'idées qu'elle avait dispersées de toutes parts aux jours de ses gloires.

Par malheur l'opposition avait perdu ses organes les plus puissants.

C'est pour cela qu'en présentant beaucoup de caractères en rapport avec juillet, elle n'a pu fournir des intelligences à la hauteur de juillet.

L'opposition est donc restée au-dessous d'elle-même, au-dessous de son véritable rôle; et en effet, comme si elle était sous l'empire d'une monomanie destructive, elle a mieux aimé dissoudre et dissoudre sans cesse qu'édifier. Les conservateurs, les protecteurs de nos libertés ont semblé n'avoir à faire que de grands scandales pour obtenir les plus médiocres résultats. Au lieu de parler au nom d'un grand principe, ils se sont usés dans le terre-à-terre des faits; au lieu de porter vigoureusement leur attention sur toute la synthèse sociale, ils ont escarmouché, crié, vociféré sur des points presque imperceptibles de cette synthèse, sans jamais savoir rendre justice à qui que ce soit; ils se sont obstinés à pousser toujours en avant, et ils n'ont jamais pensé qu'on devait s'égarer et s'annihiler toutes les fois qu'on partait pour des pays inconnus sans gouvernail et sans pilote.

Casimir Périer et quelques autres comprirent cependant qu'une force quelconque avait, après la victoire, une mission différente de celle qu'elle avait auparavant; mais, d'après nous, ces hommes politiques se trompèrent en inaugurant le système de résistance. Il en est des peuples comme du soleil; ils faut qu'ils marchent, lentement, très lentement, c'est indubitable; mais il faut qu'ils marchent. La première nécessité d'un tat, c'est un principe religieux et moral qui règle le mouvement providentiel et continu des peuples vers la liberté.

Si la vieille opposition avait eu à sa tête un homme réellement puissant de science sociale et de génie politique, il se serait fait une évolution dans les troupes parlementaires.

Ce qui avait été la gauche et le centre gauche devenait le plein centre; c'était là le seul moyen pour l'opposition de prouver qu'elle avait agi logiquement.

Ce qui est la droite et le centre droit aujourd'hui, formait toute l'opposition, force indispensable dans tout gouvernement constitutionnel. Tous les coups partis du bastion Berryer devenaient d'utiles modérateurs de tout ce qui aurait été décidé trop promptement en faveur du principe de juillet, du principe orléaniste, du principe chrétien.

Juillet et la dynastie orléaniste s'avançaient dans l'avenir, de plus en plus forts, en dépit d'une poignée de mécontents rétrogrades s'éclaircissant de jour en jour. Ils gagnaient de plus en plus la confiance de la nation; il y avait, dès lors, tendance à une fusion des partis; il s'établissait en France une majorité compacte et invincible qui assurait à jamais dans le monde la victoire de la liberté sur l'absolutisme.

L'opposition en a jugé autrement; elle a fait *en général* ce que font les écrivains médiocres qui se donnent un modèle; elle a mal imité les hommes que nous admirions sous la restauration; elle en a pris les défauts sans s'élever aux causes de leur éloquence et des mouvements qu'ils imprimaient à la nation.

Aussi voyez comme elle est faible, comme elle est terne, cette opposition dynastique et puritaine; et cependant que de beaux talents, que de grands noms, que de vertus civiques dans cette opposition!

LES DOCTRINAIRES.

A l'exemple de tant d'autres écrivains, nous aussi nous pourrions faire des phrases retentissantes contre la doctrine; mais, profondément dédaigneux de toute espèce de sentimentalité, quand il s'agit de gouvernement, nous restons et resterons toujours profondément dédaigneux de toute accusation systématique. Pitié à tous ceux-là qui se laissent emporter à ces habitudes récriminatoires qui tuent la réflexion, la bonne foi et les droits de chacun; il en est de la critique politique comme il en est de la critique littéraire; toutes deux ne sont que méprisables quand elles s'exercent sous l'empire de la prévention, ou d'une basse jalousie.

Ainsi, avant de prendre un parti, avant de rien préciser pour ou contre la doctrine, examinons positivement ce que signifient ces mots *doctrine* et *doctrinaires*. Cherchons dans les livres, dans les représentants les plus distingués de la presse. Fatale confusion de la langue politique! partout presque autant d'interprétations que de têtes et de situations diverses, sur la doctrine et ses partisans.

Néanmoins entendons-nous.

Si les hommes appelés doctrinaires ne sont ni plus ni moins que des intelligences qui, ayant bien compris le désarroi de nos systèmes politiques, aient voulu convaincre, par leur dénomination particulière, que les sociétés ne pouvaient être ni administrées, ni éclairées, ni gouvernées sans une doctrine liée à un principe éternel et bien liée dans toutes ses parties; gloire à la doctrine, gloire aux doctrinaires; car, plus qu'aucun autre parti, ils ont bien mérité de la patrie et de la civilisation.

Malheureusement, il faut le dire, les doctrinaires n'ont formulé clairement aucune grande idée, aucun grand principe qui pût inspirer confiance aux générations. Suivant l'opinion la plus répandue, ils se sont comme fait un devoir d'agir à la façon des prêtres égyptiens, avec une science pour les adeptes, avec une science pour les profanes,

Par la science des adeptes, ils se sont excités clandestinement, toujours d'après l'opinion la plus répandue, à reconstruire l'ancien régime, à se faire ainsi un appui secret de l'absolutisme.

Par la science vulgaire, ils se sont donné l'apparence de seconder le développement du principe populaire, et celle-ci devait leur servir à capter les suffrages publics.

Les doctrinaires sont donc supposés vivre de deux éléments contraires, de l'élément aristocratique et de l'élément populaire; ils sont supposés tout à la fois catholiques et protestants, légitimistes et *juillettistes*.

D'ailleurs, descendus volontairement des hauteurs

où les plaçait leur dénomination, ils se sont constitués hommes d'administration et de détail; ils se sont faits à ne voir la société qu'avec des embarras de bureaux, avec l'encombrement des affaires privées. D'où l'on a conclu, à leur préjudice, qu'il leur suffisait d'user le présent avec ordre sans s'occuper de l'avenir.

Qu'est-il résulté de ces dires? Que les doctrinaires ont passé « pour avoir trahi Louis XVI, le directoire, « Napoléon, Louis XVIII, pour avoir vendu la mo- « narchie, la république, l'empire, la restauration; « pour avoir brouillé toutes les consciences, perverti « tous les principes, faussé toutes les conséquences* », et qu'aujourd'hui le mot doctrinaire est devenu presque une insulte pour les hommes politiques.

Or, comme les hommes politiques ne sont ni plus ni moins que ce que les fait l'opinion, il s'ensuit que les doctrinaires en tant que doctrinaires sont repoussés par l'esprit public, repoussés par tous ceux qui ont la prétention de comprendre ce qu'on appelle progrès, réforme, et juillet.

D'où les doctrinaires en tant que doctrinaires ne peuvent avoir aucune influence gouvernementale, aucune influence sur le pays; ils sont aujourd'hui ce que les jésuites étaient sous la restauration, c'est-à-dire les hommes les plus impopulaires de France; et c'est justice.

D'où, employés aux affaires, ils ne sont et ne seront jamais qu'un poison lent pour juillet et la dynastie orléaniste.

* Voyez *cinq années* de l'Histoire de France, par A. de la Forest, pag. 28.

Parmi les doctrinaires pourtant, l'on compte un homme qui déjà depuis long-temps appartient à l'histoire, comme savant et comme philosophe; un homme grave comme nous apparait en imagination Machiavel ou Montesquieu; un homme qui long-temps a tendu son front à l'étude des choses de la terre; un homme qui nous a dit de belles leçons sur les rudiments primitifs et la constitution de certains peuples; un homme qui depuis trente ans assiste, tantôt comme lutteur, toujours comme un juge éclairé, à toutes nos batailles. Mais M. Guizot peut-il admettre qu'on ait le droit de gouverner les sociétés sans principe bien arrêté, sans objet et sans but? Cette haute probité se serait-elle jamais abaissée jusqu'à cet immonde trafic de sceptres, de couronnes et de serments, dont on accuse généralement ses frères politiques? Cette voix qu'on ne saurait entendre sans être plus réfléchi, se serait-elle vendue pour défendre les systèmes les plus opposés? M. Guizot enfin est-il doctrinaire dans l'acception accréditée de ce mot? Est-il surtout tel que nous le représentent ces publicistes qui le citent tous les jours, à leur barre, sans plus de façon que pour un quidam tout-à-fait étranger à la polémique des idées?

Nous ne le pensons pas.

LE TIERS-PARTI.

L'opposition et les doctrinaires, une fois écartés du gouvernement des affaires, par l'opinion publique, qui est le grand arbitre des puissances politiques, les seuls hommes que la France de juillet regarde comme aptes à administrer la succession de 1830, sont ceux qui forment *le tiers-parti*. Ici, en effet, sont des esprits dévoués, non-seulement au bien-être matériel, mais encore à nos grandeurs intellectuelles et au progrès de nos institutions; ici sont les Dupin, illustre triumvirat dont le pays s'honore depuis long-temps, dont il s'honorera toujours; là est M. Thiers, cet historien si éloquent de nos annales révolutionnaires, M. Thiers dont l'élévation sera l'une des plus significatives et des plus glorieuses de notre époque, quoiqu'en aient dit certains valets de l'absolutisme; ici sont encore un grand nombre de notabilités industrielles, commerciales et financières que nous opposons avec orgueil aux premières notabilités industrielles, commerciales, financières de tous les autres peuples, et qui sont la représentation la plus exacte du fait le plus éminent des temps modernes, de la suprématie bourgeoise et des classes moyennes. Mais qu'il nous soit permis de dire toute notre pensée, le tiers-parti, tel que le représente l'esprit public, ne voit guère le gouvernement que sur une seule zone de terrain; lui aussi est comme le gouvernement de jadis; il est à la science sociale ce que la science de l'oculiste est à la science du médecin. Le tiers-parti *en général* n'a ni étudié ni compris la civilisation dans son ensemble, dans son développement intégral, dans sa synthèse religieuse, politique, commerciale, industrielle, agricole, scientifique et artistique; il ne se doute pas ou semble ne pas se douter que l'harmonisation de toutes les forces, de toutes les activités, de toutes les tendances d'une nation, est une nécessité providentielle. Puis, quand on vient de plus en plu à la pratique des chosse, il est facile de s'assurer que le tiers-parti sent mieux juillet qu'il ne le conçoit; que sa fidélité à juillet est plutôt un noble instinct qu'une affirmation raisonnée; qu'il agit plus par boutade que par résolution logique; qu'il lui manque enfin cette fixité d'idées et cette immobilité de principe sans lesquelles il n'y a rien de grand, rien de durable.

Aussi, d'après nous, le tiers-parti n'est-il qu'un point d'appui temporaire, une force de transition, une armée de réserve, dans l'expectative d'un mieux prochain, très prochain, pour la dynastie orléaniste. Ce qui le rend supérieur à l'opposition, c'est qu'il est plus sage, plus calme, plus réfléchi, plus initié aux difficultés du gouvernement; ce qui le rend supérieur aux doctrinaires, c'est qu'il est directement sous le vent de notre histoire et de nos grandes traditions. Mais qu'on ne l'oublie pas, le tiers-parti, en lui-même, n'est et ne peut être qu'un *en attendant* de peu de durée.

2me PARTIE.

LE PARTI NATIONALISTE.

Comment donc juillet et la dynastie orléaniste sortiront-ils définitivement victorieux de la crise qu'ils subissent?

En provoquant un parti entièrement distinct de tous les partis existants; un parti qui dépiste tous les partis pour les agglomérer aussitôt et les fondre; un parti tel qu'il ne soit ni à gauche ni à droite, ni en avant ni en arrière de certains hommes, mais qui domine tous les hommes politiques sans aucune exception.

Ce parti nous l'appelons le parti nationaliste pour le distinguer réellement de tout antécédent politique connu, et parce qu'à chaque chose nouvelle il faut une dénomination nouvelle.

Sa fonction, sa destinée, c'est d'assurer la pensée de juillet dans toute sa plénitude;

C'est de présenter une haute pensée sociale et morale qui puisse déterminer bientôt pacifiquement et rationnellement un parti européen en faveur de l'ordre, du droit et de la liberté.

OBJECTION CONTRE LE PARTI NATIONALISTE.

On répond aussitôt que le parti nationaliste n'existant pas, ou du moins n'étant pas représenté expressément dans les chambres, il ne faut le regarder que comme une puissance excentrique, irréalisable.

Mais quoi! Est-ce que les révolutions ne sont pas des faits excentriques; sont-elles pour cela irréalisables?

Or, si les révolutions sont des faits excentriques, ne faut-il pas des situations excentriques aussi pour protéger ces faits?

Quand un maçon dresse une colonne de briques et qu'il vient de poser une assise, il a soin de changer de place pour poser chaque nouvelle assise. Et pour dresser l'édifice social, on resterait pétrifié, immobile dans une position donnée!

La révolution de juillet est et sera un fait immense dans l'histoire des peuples, et l'on voudrait que, pour accomplir son œuvre, on se traînât à plat-ventre dans les stériles patronages des partis connus!

Et que dirions-nous d'hommes qui auraient voulu faire raison à la doctrine de Moïse avec l'idée égyptienne et pharaonique, à l'enseignement de J.-C. avec l'idée romaine, à la parole de Luther avec l'idée catholique de son temps?

Les grands bienfaits sociaux ne s'obtiennent que par des actes qui sortent de la sphère des actes vulgaires; ils ne se maintiennent que par des idées particulières et excentriques.

Plus les circonstances ont été exceptionnelles, plus il faut que les pensées destinées à les seconder soient exceptionnelles.

D'ailleurs, interrogez tout ce qu'il y a d'honnête et de généreux dans la nation française; interrogez tout ce qui a quelque chose à perdre dans une perturbation politique.

Demandez si une société peut marcher, sans une haute pensée qui puisse servir à réfréner les passions humaines, à faire régner la justice. On vous répondra non.

Demandez s'il existe une religion meilleure que le christianisme; même réponse qu'auparavant.

Demandez si un gouvernement peut ne pas surveiller toute la société et harmoniser toutes ses facultés, ainsi que tous ses actes; même réponse encore.

Mais ces solutions sont précisément les bases sur lesquelles repose le parti nationaliste; donc tout ce qu'il y a d'éclairé, d'honnête, de généreux, d'intéressé à l'ordre en France, appartient naturellement et nécessairement au parti nationaliste.

D'ailleurs, étudions-le dans ses profondeurs. Sans doute, il est distinct de la *Gazette*, des *Débats*, du *Courrier*, du *National*, du *Temps*, du *Constitutionnel*; sans doute, il est distinct du Saint-Simonisme, du Fouriérisme, de tout ce qui a eu jusqu'à présent une valeur réelle, comme philosophie et spéculation; mais il a quelque point de commun avec tous les partis, avec toutes les sectes et avec toutes les écoles; il contient toutes leurs vérités capitales; et aucun parti, aucune secte, aucune école ne le contient.

Le parti nationaliste est comme cette beauté parfaite qu'Apelles forma de la réunion d'une multitude de beautés éparses; il est en un mot la résultante de tout ce qu'il y a de pur et de rationnel dans le travail religieux, moral, politique, scientifique, littéraire et artistique de notre civilisation.

Que si l'on nous demande des éléments vivants pour composer le parti nationaliste, nous répondrons que tout ce qu'il y a d'écrivains illustres et de têtes pensantes est du parti nationaliste, parce qu'il n'est pas un seul écrivain illustre, une seule tête pensante de nos jours, qui n'aime la France plus qu'il n'aime qui que ce soit et quoique ce soit.

Supposez, en effet, que par une puissance bien au-dessus de notre faiblesse, nous eussions le droit d'assembler M. de Châteaubriand, M. de La Mennais, et tous ceux-là qui tiennent un haut rang parmi nos gloires intellectuelles; supposez que, quand ce sénat de grands hommes serait réuni, on demandât à chacun d'eux son opinion *positive* sur le présent, sur les moyens de satisfaire à nos traditions nationales, à juillet?

Si j'en juge par les ouvrages les plus récents de ces hommes, ces hommes ne seraient pas républicains; car ils savent trop bien ce qui manque à la France pour demander une république.

Ils ne seraient pas pour la Branche aînée, car il n'est pas une seule de leurs paroles qui ne dissolve le principe qui seul peut soutenir cette Branche;

Ils ne seraient pas de l'opposition, car pour ces imaginations ardentes et fécondes l'opposition d'aujourd'hui est trop stérile;

Ils ne seraient pas doctrinaires, car la doctrine est trop tarée dans l'esprit national;

Ils ne seraient pas *définitivement* du tiers-parti, parce

que le tiers-parti n'a ni des idées assez larges, ni des idées assez précises pour gouverner *définitivement* notre civilisation ;

Ils ne seraient ni du centre droit ni du centre gauche, ni du plein centre actuel parce que la pensée de ces diverses parties de la chambre parlementaire est incomplète devant juillet et l'avenir ;

Où seraient-ils donc? Dans le parti qui fait suite à 89 et à juillet; dans le parti qui emporte les peuples, à pleines voiles, des rivages de l'absolutisme à la liberté; dans le parti qui répond à tous les besoins de l'humanité, et y satisfait, dans le parti nationaliste.

Ainsi, en dépit des souvenirs, Châteaubriand, La Mennais, et tous ceux-là qui ont le privilège d'exciter souvent des applaudissements dans les foules, appartiennent en réalité, quoique à leur insu peut-être, au parti qui doit avoir l'empire du monde.

Précisons ensuite les convictions d'une foule de députés; interrogeons la pensée entière de tous ces hommes réfléchis que l'on nous envoie de tous les points de la France, soit pour la Chambre des Pairs, soit pour les hautes fonctions administratives, vous verrez qu'en quelques heures, en quelques instants, le parti nationaliste débordera tous les partis connus et sera tout à coup le plus capable de défendre le principe monarchique de juillet.

Et qu'importe ensuite que les nationalistes diffèrent d'opinion sur des détails? Qu'importe en outre que des capacités de journal viennent pointiller sur notre thèse, pourvu que le bon sens public soit bien d'accord sur cette idée capitale, qu'avant tout il faut sauver juillet.

Un homme n'est puissant qu'à la condition de faire aboutir à soi tous les désirs, toutes les tendances intellectuelles et morales de ses contemporains ; qu'à la condition de les dominer pour les harmoniser. Entre un homme pareil et tous ces novateurs qui croient pouvoir parler et agir au nom de leurs fantaisies et de leurs imaginations personnelles, il n'y a rien de commun. Ces novateurs passent inaperçus en bas de leur siècle. L'homme de génie plane sur ce siècle ; il le pousse, il l'excite à volonté, et sans qu'on s'en doute, il lui imprime le mouvement dont il vit.

Il en est de même des partis ; ceux qui marchent à côté du siècle ne sont rien ; ils n'ont aucune espèce de valeur pour les hommes qui ont observé et médité.

Au contraire, le parti qui se fait centre de tous les intérêts, quels qu'ils soient, de toutes les sympathies généreuses, est le roi des partis.

C'est pour cela que nous avons foi dans le parti nationaliste. Voilà pourquoi nous le provoquons *comme l'héritier* direct, nécessaire, essentiel du tiers-parti ; comme le seul capable de conserver, de continuer et d'agrandir les données de notre civilisation.

A ces gens-là disant sans cesse que chacun n'est occupé que de ses propres intérêts, que toute pensée généreuse est aujourd'hui une naïve, une inutile préoccupation, nous répondrons que nous préférons encore notre thèse à une défiance humiliante de la moralité de la France. D'ailleurs, si le spectacle le plus habituel de la capitale est celui de l'égoïsme et d'une sauvage cupidité, il y a aussi dans cette capitale de hautes vertus qui se cachent, comme confuses de toutes les hontes, de toutes les infamies de nos temps, et qui ne demandent qu'une grande occasion pour révéler tout ce que peut le véritable caractère national. D'un autre côté, les provinces sont là, fortes de leur amour patriotique. Les provinces ne laisseront pas périr juillet, par lâcheté, par condescendance pour une foule de misérables qui ne vivent que de trahisons, de mystifications sociales et de tendresses hypocrites pour le bien public.

LA PRESSE LÉGITIMISTE ET LE PARTI NATIONALISTE.

Au-dessus de toutes les logomachies et de toutes les sottises que jette dans le monde l'orgueil humain ne voulant relever que de lui-même; au-dessus de toutes les saturnales, de toutes les ivresses politiques et de toutes ces jaseries insipidement périodiques, dont la plupart des feuilles, des revues hebdomadaires ou mensuelles affligent l'intelligence, il est une pensée qui, dédaignant tous les sentiers battus par le journalisme indépendant ou stipendié, a aspiré et aspire aujourd'hui plus que jamais au gouvernement de la société française. Cette pensée est celle de la presse légitimiste ou royaliste Seule, la presse légitimiste a compris que nul n'avait droit d'agir et de commander dans un état, sans un principe à l'abri de toute discussion, éternellement beau, éternellement vrai, universellement acceptable. Dès lors, elle a voulu agir et commander au nom de la religion, du christianisme; et de là est né un système coordonné dans toutes ses parties, un système qui semble prévoir tout et suffire à tout. Aussi la presse légitimiste est-elle sans contredit le travail politique le plus large, le plus moral et le plus solidement établi de tous les travaux politiques contemporains.

Mais la presse légitimiste est-elle en harmonie avec le véritable esprit de la religion, du christianisme, avec les exigences de l'esprit moderne? Est-elle dans les conditions requises pour parler puissamment à la France? A notre avis, non. Apportons à cette discussion tout le calme et tout le respect qu'on doit à des adversaires de probité, de conscience et de talent. Les écrivains de la presse légitimiste sont d'ailleurs trop amis de la vérité pour redouter l'examen que nous nous faisons un devoir de leur soumettre.

La presse légitimiste prend le christianisme, il est vrai, pour faîte et pour base de son système; mais, dans la pratique, elle en fait plutôt un principe de théocratie qu'un principe social; le parti nationaliste prend également le christianisme pour faîte et pour base de son système; mais au lieu de le voir par prédilection dans le temple, dans l'église, il l'applique comme sanction à tout ce qui entre dans la sphère d'activité humaine, au sentiment qui nous élève vers Dieu, comme à l'art; à la science, comme aux métiers.

La presse légitimiste accepte le christianisme avec les explications telles que nous les a transmises l'esprit sacerdotal; le parti nationaliste ne les accepte qu'en tenant compte de la critique historique et philosophique des temps modernes.

La presse légitimiste souffrirait que le clergé se mêlât aux affaires, dirigeât l'enseignement; le parti nationaliste ne craint rien tant que la participation du clergé aux affaires et à l'enseignement; il respecte le clergé dans les majestueuses piétés du sanctuaire; et là, il lui accorde toutes les pompes nécessaires, toute l'indépendance et toutes les fortunes matérielles qu'il peut désirer et mériter par ses vertus.

La presse légitimiste défend la moindre attaque contre l'édifice bâti par le clergé; le parti nationaliste cherche et veut à grands cris la vérité, toute la vérité.

La presse légitimiste n'admet en définitif que le pouvoir absolu, comme la condition *sine quâ non* de la prospérité de la France; le parti nationaliste admet la monarchie avec des garanties d'ordre et de justice consacrées pour l'intérêt des peuples.

La presse légitimiste regarde la monarchie comme impossible avec le développement du principe populaire; elle fait dépendre du temps la valeur des constitutions et des dynasties; le parti nationaliste fortifie la monarchie par le développement même du principe populaire et de la raison humaine; il fait dépendre uniquement de la justice et du droit la valeur du pouvoir.

La presse légitimiste partage les hommes en deux sections; dans l'une, elle met ce qu'on appelle l'aristocratie de naissance et de fortune, ainsi que les idées dirigeantes; dans l'autre, elle parque le reste de la société pour qu'il travaille et obéisse; le parti nationaliste n'admet d'autre aristocratie que celle du talent et de la vertu; pour lui tous les hommes sont frères, sans qu'ils soient et doivent être égaux; leur association n'est fondée que sur la nécessité de services mutuels.

La presse légitimiste se défie de l'expérience politique de la France; le parti nationaliste a foi en elle.

La presse légitimiste ne voit qu'elle dans l'espace, se pose en maître souverain, en juge infaillible de la société; le parti nationaliste profite de tout ce qui rayonne de tous les points de la France, et s'en sert pour augmenter sa puissance sociale.

La presse légitimiste obéit presque autant au sentiment qu'à la raison dans la propagation de ses idées; le parti nationaliste fait abstraction de toute émotion politique; il ne relève que du principe religieux, du droit qu'il consacre et de toute la rigueur de leurs conséquences.

La presse légitimiste regarde l'art plus comme un objet récréatif que comme un objet d'utilité sociale; le parti nationaliste, au contraire, regarde l'art comme un des plus puissants véhicules de la pensée sociale, comme l'un des auxiliaires les plus directs de l'éthopée politique.

La presse légitimiste craint et repousse la science, ses questions, ses recherches; le parti nationaliste les provoque et les appelle à son aide.

La presse légitimiste ne voit dans les métiers qu'un

moyen d'occuper la force physique, pour que cette force ne trouble point la sécurité publique; le parti nationaliste emploie cette force au bien-être général; il éclaire et sanctifie de jour en jour ses procédés, en développant de plus en plus l'intelligence des hommes qui l'exercent.

La presse légitimiste consacre principalement ses soins à l'administration politique; le parti nationaliste surveille et règle toute l'action sociale, depuis le président du conseil jusqu'au plus modeste ouvrier; depuis les théories les plus savantes jusqu'aux aperçus les plus simples; depuis les appareils les plus compliqués jusqu'au levier du premier ordre.

La presse légitimiste dit et affirme qu'il n'est plus possible à la dynastie orléaniste de se composer des ministères, parce que la doctrine et le tiers-parti sont usés jusqu'à la trame; le parti nationaliste qui frappe à mort les doctrinaires et maintient encore quelque temps le tiers-parti, suffit seul à créer des myriades de ministères.

Qui donc doit l'emporter, de la presse légitimiste ou du parti nationaliste?

Nul doute pour nous, c'est le parti nationaliste.

La presse légitimiste est pourtant dans une attitude très redoutable, comme nous l'avons dit, elle a d'abord un système; et les intelligences défiantes peuvent s'y dévouer même avec honneur pour elles, car il présente au moins un moyen de faire fonctionner tout l'ensemble social. En outre, du jour au lendemain elle a des hommes réellement distingués, par leurs lumières et leur intégrité, à mettre en avant pour l'application de son système, pour composer un ministère, dissoudre et convoquer les chambres, appeler une majorité.

Mais qui l'emportera de la presse légitimiste ou du parti nationaliste?

Si c'est la presse légitimiste qui a gain de cause, toutes nos révolutions, tous nos progrès ne sont que des non-sens; toutes nos gloires intellectuelles et politiques des folies. La France a eu tort de rompre la tête à l'hydre féodale, de supprimer les distinctions de caste, de se donner des chartes et des libertés. La presse légitimiste efface les cinquante ans qui viennent de s'écouler; elle continue le règne de Louis XV.

Si c'est le parti nationaliste qui a les honneurs de la victoire, il dissipe sans violence et sans désordre tout ce qui est rétrograde ou qui tend à l'être; il met à néant le parti absolutiste; il continue l'œuvre du tiers-parti, il l'agrandit de plus en plus; la dynastie orléaniste et la France sont les chorèges de l'humanité.

Quoiqu'en disent des intrigants ou des hommes sans intelligence et sans foi ni loi, notre situation est telle aujourd'hui que, sans l'admission du parti nationaliste, *les dépositaires de juillet sont forcés de tendre à un despotisme militaire : intelligenti pauca.*

En effet, au lieu que les trois opinions considérées comme les meilleurs appuis possibles de juillet et de sa dynastie, ne mènent qu'à des malheurs ou à des impossibilités, comme l'assurent très bien les légitimistes, savoir l'opposition à l'anarchie, les doctrinaires à l'absolutisme, le tiers-parti à une impasse; le parti nationaliste, seul, affirme toute la virtualité de juillet et la règle dans toute la succession de ses actes.

M. BERRYER ET LE CHEF DU PARTI NATIONALISTE.

Mais, pour rendre la nécessité du parti nationaliste plus évidente encore, ne nous lassons pas, puisqu'il ne s'agit ici de rien moins que de l'avenir de la France et de la civilisation.

De cela même que la presse légitimiste représente le système le plus large et le plus solide, en l'absence du parti nationaliste, il résulte que l'homme, qui représente le mieux le système de cette presse, est l'homme politique le plus puissant de l'époque.

Comparons donc M. Berryer au chef, tout idéal encore, si l'on veut, du parti nationaliste.

M. Berryer est essentiellement l'homme de caste; le chef du parti nationaliste est l'homme de la France.

M. Berryer agit et parle, depuis que nous l'admirons, comme s'il ne se doutait pas même que le gouvernement de la société n'est que le gouvernement de toutes les facultés humaines et de tous les actes humains; le chef du parti nationaliste examine et protège toutes les facultés humaines; il les harmonise toutes vers un même but.

M. Berryer, quoiqu'on dise, marche sans principe

religieux, bien fixe, bien déterminé, ou tout au plus sur la ligne qu'ont tracée les penseurs de l'Eglise et de la vieille royauté ; le chef du parti nationaliste avoue et professe le christianisme, tel que Dieu l'a posé dans le temps, tel que l'humanité doit l'accepter jusqu'à la consommation des siècles.

M. Berryer enferme sa politique dans un cercle déterminé de questions ; le chef du parti nationaliste satisfait à toutes les questions imaginables : finances, politique intérieure et extérieure, industrie, commerce, manufactures, art, science, rien ne lui échappe ; tout entre dans ses attributions.

Que M. Berryer disparaisse de la scène politique avec la pressse légitimiste, la pensée qu'ils protègent tombe efflanquée sur elle-même ; elle va bientôt se perdre dans le gouffre où se sont englouties toutes les grandeurs, toutes les fictions de jadis. Qu'on admette le chef du parti nationaliste ; il naît parmi nous un monde tout radieux de beauté, et ce monde grandit au milieu de tous les autres peuples, comme un jeune homme grandit de plus en plus beau, de plus en plus fort et robuste au milieu de vieillards usés et décrépits.

Cela posé, on juge de la valeur d'un système politique, plus par sa tendance que par ce qu'il donne dans le présent.

Or, supposons que l'idée de M. Berryer triomphe ; en vertu de cette idée telle qu'elle est, telle qu'elle doit être en elle-même, la France tend évidemment à rétrograder ; elle tend à l'immobilité de l'esprit humain, à l'absolutisme d'une minorité, à l'esclavage des masses ;

que le chef du parti nationaliste se déclare et prévale, il n'est pas une seule force humaine qui n'obtienne son développement normal; il n'est pas de peuple qui puisse mieux se constituer que le peuple français; il n'en est pas où les jouissances matérielles, intellectuelles, morales et harmoniques soient plus abondantes que chez nous.

Ainsi l'élément social et politique de M. Berryer est essentiellement inférieur à l'élément social et politique du parti nationaliste.

D'où, à plus forte raison, avons-nous foi dans le parti nationaliste.

LA MAJORITÉ DANS LES CHAMBRES ET LE PARTI NATIONALISTE.

La plus grande force d'un gouvernement constitutionnel, c'est d'avoir la majorité dans les chambres, et surtout dans la chambre des députés.

Or, pourquoi les majorités sont-elles si incertaines, si capricieuses, si difficiles à conquérir depuis 1830?

C'est parce qu'il n'y a jamais eu, depuis cette époque, un seul ministère qui fut à la hauteur du pays et de juillet;

C'est parce qu'il n'y a eu dans les hommes du gouvernement qu'un horrible pêle-mêle d'idées divergentes qui attestaient absence totale de principe, de plan et de but.

Le parti nationaliste n'a qu'à se présenter aux chambres, il conquiert de droit la majorité.

En effet, que veut et doit vouloir un député loyal et fidèle à sa mission?

Que le pouvoir parle au nom d'une grande idée qui légitime et règle son action; en d'autres termes, au nom d'une idée religieuse;

Qu'il se mette en rapport avec l'esprit du temps, qu'il accorde sagement tout ce que réclame cet esprit, qu'il repousse tout ce que cet esprit repousse;

Qu'il tire le meilleur parti des circonstances présentes, *des actualités.*

Mais le parti nationaliste apporte avec lui de quoi satisfaire à toutes ces nécessités diverses; la majorité lui est donc acquise par la virtualité religieuse, intellectuelle, sociale et politique dont il est l'expression incarnée.

En tout temps et en tous pays, ce qui a corroboré le pouvoir, c'est l'identité de pensées gouvernementales. Et de nos jours, qu'est-ce qui fait la puissance du système autrichien? c'est qu'il reste toujours semblable à lui-même. Or, si un système, même mauvais, peut devenir une aussi solide garantie pour le pouvoir, que serait-ce donc d'un système qui s'appuirait sur un principe éternellement vrai?

Aussi les amis de juillet et de la dynastie orléaniste n'ont-ils rien de plus hâtif à entreprendre et à exécuter que d'amener le pouvoir actuel sur le plan où il pourra toujours être semblable à lui-même dans son esprit, dans ses travaux et dans ses tendances, c'est-à-dire sur le plan où le parti nationaliste l'attend.

Jusques là, juillet et la dynastie orléaniste seront comme un vaisseau au tangage, allant de l'avant à l'arrière, de l'arrière à l'avant, sans jamais savoir ni où ils vont ni où ils doivent s'arrêter; heureux tous les deux s'ils ne périssent pas dans une secousse imprévue avant qu'on ne parvienne à les stabiliser enfin.

Sous l'ancien régime, les hommes que nos rois honoraient de leur confiance étaient en général de hauts personnages qui avaient tous mêmes intérêts, et qui s'identifiaient dans une même pensée, dans un même but. Mais quand sont survenues nos catastrophes politiques, il y a eu presque autant de directions différentes qu'il y a eu de gouvernants. Aussi qu'est-il arrivé? la défiance s'est répandue partout; l'on s'est habitué à jeter l'outrage et l'insulte au pouvoir. Le respect pour l'autorité s'est effacé peu à peu, et cette déconsidération s'élargissant de plus en plus est tombée sur l'autorité paternelle, sur la famille, et a glissé de toutes parts un esprit d'intolérable insubordination; de là tout ce désordre de sectes; de là tout ce cataclysme d'absurdités qui débordent sur tous les points de la société; de là cette effroyable confusion où s'usent tant de jeunes gens qui pouvaient espérer un avenir; de là cette nuit lugubre et terrifiante où pataugent l'esprit et le cœur du XIXe siècle.

Puis, quels sont les hommes que le régime de la liberté a élevés de préférence aux affaires? Incontestablement ce sont les avocats. Depuis 89 jusqu'à Bonaparte exclusivement; depuis juillet jusqu'à nous, les avocats ont eu la principale influence dans notre pays.

Certes, nul n'honore plus que nous la profession des Mauguin et des Berryer; mais n'apporter au gouvernement et à la tribune nationale qu'une aptitude d'avocat, est une dérision. Un homme qui a passé sa vie dans l'analyse, dans une chétive analyse de lois et d'articles du code, s'élève difficilement à ces larges idées d'où l'on domine toute une société et surtout la société moderne. L'aptitude aux détails est presque toujours une négation de force généralisante; or, la science gouvernementale, telle qu'elle convient, non pas à des chefs de bureaux, ni à des commis, mais à des ministres, n'est qu'une science de généralisation; d'où, pour finir par une image sensible, nous dirons qu'un ministre qui n'est qu'avocat est un nain qui voudrait tirer à soi toute la France en la traînant par un fil à la chambre des députés.

Comment donc aurait-on pu se flatter, depuis juillet, d'obtenir des majorités compactes et assurées?

Ne le dissimulons pas : les majorités, depuis 1830, n'ont appuyé les ministères qui se sont succédés, que par déférence pour la dynastie de juillet, par besoin d'ordre, par crainte de trouble; et pas un seul homme, peut-être, de ces majorités, ne s'est retiré content, pleinement content de lui-même, après avoir déposé son suffrage dans l'urne du pouvoir. Ce n'est pas avec de pareilles complaisances, avec de pareilles transactions qu'un gouvernement est fort.

Vienne donc un parti qui s'affirme dans une pensée

religieuse, dans son dévoûment à la chose publique, dans la volonté de saisir la société par tous ses points sur ce sol français si terriblement remué depuis cinquante ans; vienne donc un parti qui pose enfin un système normal et complet, un système qui reste toujours identique à lui-même; viennent donc des hommes d'état qui comprennent et adoptent ce système, alors les majorités voteront par conscience, par conviction, avec la certitude qu'elles remplisent un devoir sacré; alors le pouvoir s'affermira réellement; alors, et alors seulement, ni juillet, ni la dynastie orléaniste, ni la France, n'auront plus rien à craindre de complots insensés, de tendances sacrilégement rétrogrades; le parti nationaliste aura commencé à fonctionner.

LE PARTI NATIONALISTE EN FONCTION.

Aujourd'hui toutes les opinions libérales sont épuisées de lassitude en France; toutes ont fait leur œuvre; le monde qu'elles avaient à combattre s'est abaissé plus bas que l'herbe; mais le tribunat reste pour commencer une œuvre toute différente de celle qu'il a accomplie. Comprendre sa tâche autrement, c'est ignorer le présent, c'est préférer la folie à la raison, l'anarchie au bonheur public; c'est fomenter de déplorables divisions entre des hommes faits pour s'entendre et pour s'unir; c'est favoriser les menées *légitimistes*; c'est appeler la tyrannie étrangère à venir régner sur les ruines de la patrie et de nos libertés.

D'où, le parti nationaliste, qui n'est que l'incarnation du tribunat, n'a qu'à perfectionner et à édifier.

Mais par où le parti nationaliste commencera-t-il sa tâche politique? Ecoutons.

Aujourd'hui, au milieu de tant d'irritations, de tant de haines, de tant d'intérêts divers qui sont en présence, le premier besoin de la France, c'est la consolidation du pouvoir dans le sens de juillet; la consolidation du principe monarchique dans la famille qui est le mieux en situation de le représenter. D'où, toute tendance à contester ou à affaiblir la prérogative royale, n'est et ne peut être en réalité qu'un acte de coupable ambition.

Un député ou un ministre, qui exprimerait de pareilles prétentions, n'aspirerait à rien moins qu'à être roi de fait. Or, mieux vaut une royauté reconnue qu'un roi *marron*.

Le parti nationaliste n'aura donc rien plus à cœur que d'affermir le pouvoir monarchique en principe, le pouvoir monarchique de juillet. Sans nuire en rien à la prérogative parlementaire, il fortifiera de plus en plus la prérogative royale.

Ce que nous voulons, ce qu'il faut vouloir aujourd'hui, c'est le développement le plus tranquille, le plus continu possible de notre intelligence nationale et l'affermissement de plus en plus rationnel de nos institutions. On n'y parviendra qu'en entourant la prérogative royale d'un quadruple mur de bronze et de granit, toutes les fois que cette prérogative royale s'exercera légalement.

BIBLIOTHÈQUE ROYALE

AMNISTIE.

L'indépendance de la prérogative royale une fois bien arrêtée, le parti nationaliste prononcerait une amnistie générale en faveur de tout ce qui a été regardé comme crime politique.

Jusqu'à présent, à part les grandes révolutions préparées et accomplies par le peuple, la puissance qui a jugé les hommes politiques en premier et en dernier ressort, c'est l'égoïsme royal, l'égoïsme ministériel et la force brutale. Demandez compte aux royautés de tous les supplices qu'elles ont ordonnés contre certains hommes, toutes seront forcées de convenir qu'elles n'ont agi qu'en vertu de la peur, et de l'intérêt personnel.

Et voilà pourquoi l'opinion publique n'a jamais attaché de honte au front du condamné politique; voilà pourquoi, au contraire, il y attacha toujours des couronnes de lauriers *.

Etudiez seulement nos annales les plus récentes : les Vergniaud, les Guadet, les Ney, les Sergents de la Rochelle seront-ils jamais flétris dans la mémoire des

* Il est inutile de dire qu'il serait absurde de compter comme hommes politiques les exécrables et stupides assassins dont le nom a sali récemment toutes les pages du journalisme.

(*Note de l'Auteur.*)

hommes? Non; on les plaindra, on les estimera toujours; il n'est pas aujourd'hui un seul vivant qui ne fût fier de les déclarer ses amis, s'ils ressuscitaient.

Que conclure de ces sympathies pour ces malheureux qu'entermina le glaive de la vieille royauté, qu'eux seuls étaient les dépositaires de la justice divine, et que leurs bourreaux n'avaient pour eux que la justice de la force, cette justice si malheureusement relative qui varie suivant les circonstances, suivant le caractère des gouvernants, dans ses rigueurs ou ses clémences.

Il faut enfin que la justice du pouvoir ne soit ni plus ni moins que la justice divine. Or, comme le parti nationaliste a seul le privilège d'opérer cette identité, il est le seul aussi qui soit en puissance d'amnistier tous ceux qu'a frappés la prétendue justice politique.

En effet, supposons que le tiers-parti prenne l'initiative de cette pensée d'amnistie, il ne fait qu'augmenter les embarras du pouvoir; car, inférieur aux légitimistes, comme organisateur, inférieur aux républicains, pour la portée sociale, il reste sous les feux croisés de ceux à qui il pardonne. Les légitimistes et les républicains s'arment contre leurs bienfaiteurs par la force même et la tendance naturelle de leur position respective.

Que si le tiers-parti, qui est cependant encore le parti le plus apte à défendre juillet et la dynastie orléaniste, n'a qu'à attendre des regrets de l'amnistie. Que serait-ce donc de l'amnistie doctrinaire; quel est l'homme politique qui voudrait la subir?

Amnistie! amnistie! tel est le cri, tel est le vœu de

la France; car, après tant de désastres, tant de douleurs et tant de divisions, nous voulons enfin vivre en frères et jouir en commun des avantages sociaux que nous avons conquis. Mais pour rendre cette amnistie profitable, qu'on la fasse partir d'assez haut; qu'on la fasse partir du faîte du système nationaliste.

PRESSE.

Par elle-même, la presse périodique est un des plus grands et des plus nobles services de l'intelligence sociale et politique; elle est le génie de la vérité qui lutte et lutte sans cesse contre l'erreur; elle est la Providence terrestre de la liberté. Mais la presse a débiffé toutes ses beautés natives; elle est descendue du piédestal où elle méritait le culte des hommes; elle est devenue le séide des plus viles passions; elle a trafiqué de sa puissance; elle s'est faite marchande, agioteur; elle a perverti l'esprit public en le tenant sans cesse isolé des principes religieux et moraux qui seuls peuvent consacrer et affermir les gouvernements; elle a imprimé à toutes les âmes une sorte de mouvement routinier qui les fait tourner perpétuellement dans un même cercle d'erreurs; elle s'est usée par ses propres excès; elle en est venue aujourd'hui au point qu'elle est *en général* méprisée par tout ce qu'il y a de quelque peu propre à réfléchir.

Le parti nationaliste formera une presse nouvelle ;

Cette nouvelle presse sera tout d'abord religieuse ; en d'autres termes, elle reposera sur un principe religieux ;

Elle sera instruite, grave, consciencieuse, réfléchie ;

Elle se vouera également à l'intérêt du riche et du pauvre, du savant et de l'ignorant ;

Elle sera au parti nationaliste, ce que la *Gazette* est au système légitimiste ;

Quel incalculable bienfait pour juillet, pour la dynastie orléaniste, pour la France et la civilisation qu'une presse dont la pensée correspondrait à notre esprit national, à la raison moderne et aux virtualités réelles du christianisme !

INSTRUCTION PUBLIQUE.

En dépit de toutes les secousses qui ont agité nos institutions, l'université est toujours restée stationnaire et même retrograde sur sa vieille base ; elle a toujours été la partie de l'administration la plus dédaignée, la plus mal traitée par les représentants de notre pays. Quelques discours insignifiants d'insignifiants orateurs, quelques rares millions jetés à la débandade et comme une aumône, voilà tout ce qu'on a fait en France pour la nourrice de l'esprit humain.

Aussi qu'arrive-t-il ?

La France et les chefs de famille veulent que les enfants soient élevés dans les principes religieux, et il n'existe pas même un livre bien fait pour propager l'amour de ces principes.

La France et les chefs de famille veulent que la jeunesse soit élevée dans les principes monarchiques, et les premiers travaux des colléges royaux et communaux n'ont d'autre but que de faire retentir à nos oreilles les grandeurs du républicanisme et de nous faire admirer les Junius Brutus.

La France et les pères de famille veulent que leurs enfants aiment la patrie et ne servent qu'elle. L'université n'a rien de plus pressé que de nous étaler avec ostentation les inimitiés des Coriolan, ou les colères des Marius et des Sylla, marchant tour à tour contre Rome, le fer et la flamme à la main.

La France et les pères de famille veulent que leurs enfants s'initient le plus promptement possible aux exigences de l'esprit moderne; et l'université semble avoir pris à tâche de n'admettre aux honneurs de l'enseignement que les hommes qui vivent et ont vécu le plus en dehors de cet esprit, forcés qu'ils étaient de s'oublier dans les ruines d'un monde déchu, pour gagner quelques galons professoraux.

Le parti nationaliste ordonnerait de refaire tous les livres classiques;

Il changerait les bases des concours pour le personnel enseignant;

Il modifierait toutes les méthodes ou en introduirait de nouvelles, après de sages expériences.

Nous avons déjà parlé des colléges communaux en

tant que l'enseignement qui s'y donne n'est pas plus normal que celui des colléges royaux. Mais ce n'est point assez. Il faut dire ici ce que nul représentant du pays, nul journaliste, nul patriote, nul républicain, nul ministre n'a jamais pensé à dire.

Dans les colléges communaux vivent des hommes qui sont comme le rebut de la société; jamais les prolétaires de la vieille Rome, jamais les Ilotes de Sparte ne furent plus effacés, plus nuls, plus méprisés que ces hommes ne le sont par le pouvoir; à la moindre plainte de qui que se soit, on les chasse de ville en ville, sans qu'ils puissent jamais invoquer ni droit ni justice; il n'est pas de vexation grossière; il n'est pas d'oppression brutale qu'ils ne soient exposés à subir. Nécessiteux et misérables en grande majorité, les interprètes privilégiés de la pensée humaine ne sont ni électeurs municipaux, ni électeurs parlementaires, ils sont tout-à-fait en dehors de l'œuvre politique; on dirait que la France a pris à tâche de n'employer que le paupérisme et l'érudition pour former des citoyens.

Et cependant les professeurs des colléges communaux forment les neuf dixièmes de la population enseignante.

Le parti nationaliste se ferait un devoir d'honorer de plus en plus ces hommes, de les soustraire au despotisme avilissant de la bureaucratie; il se ferait un devoir d'améliorer leur situation financière, de demander leur concours dans toutes les occasions importantes. Et voici ce qui arriverait.

Les régents, c'est le mot technique qui sert à les désigner, dirigeraient alors le système d'éducation dans un sens désirable ; ils prêcheraient par conscience la foi religieuse et monarchique, comme ils ont prêché jusqu'à présent par devoir la bigoterie et la république ; ils imprimeraient aux esprits des générations qui grandissent la force et la tendance morale que le clergé refuse et refusera long-temps encore obstinément ; ils prépareraient toutes les parties de la France à entrer dans les grandes voies qu'à ouvertes juillet ; seuls, ils réaliseraient ce que ne réaliseraient pas des milliers de ministères doctrinaires et tiers-parti en répandant des milliards dans l'armée, parmi la populace *et les limiers de la police.*

De cette réforme, le parti nationaliste passerait à celle que réclame encore la position des instituteurs primaires, le désordre des établissements à bacheliers.

Il y a plus de puissance politique qu'on ne croit dans le corps enseignant.

ENCYCLOPÉDIE NOUVELLE.

Concurremment avec la réforme de la presse et de l'enseignement public, le parti nationaliste s'emploierait à régler tout le développement de l'intelligence française. Pour cela, il indiquerait un moment de halte philosophique. Puis, à toute cette jeunesse si fougueuse, si avide de gloire et d'honneur qui languit aujourd'hui si tristement dans l'inaction, ou qui s'use dans une activité mal dirigée, il dirait : Allons ; et aussitôt, en promettant à chacun une récompense en rapport avec son mérite, il soulèverait le voile qui couvre tout le passé ;

Il ferait dépouiller toutes les œuvres de l'intelligence humaine chez tous les peuples du monde ancien et moderne, en Europe, en Asie, en Afrique, en Amérique ;

Il ferait juger ces œuvres sous le point unitaire du christianisme, non point du christianisme tel que l'ont fait les prêtres, mais tel qu'il est en réalité ;

On éleverait ainsi une nouvelle encyclopédie, une encyclopédie où seraient démolies toutes les vieilles erreurs où seraient édifiées toutes les vérités admises par notre espèce ;

On reconstruirait ainsi les annales de toutes les nations, en les réduisant toutes à leur juste valeur.

L'esprit humain se recueillerait un instant pour savoir ce qu'il a fait, ce qu'il a dit, ce qu'il a pensé ; puis, quand il aurait repassé son histoire, édifié enfin sur ses mérites et ses démérites, il commencerait une nouvelle phase d'existence.

Les peuples auraient alors un point de départ. Au temps où nous sommes, notre état social n'est qu'une Babel où tous marchent sans rien voir, où tous parlent sans rien entendre.

DE L'INTELLIGENCE A LA MATIÈRE.

Ce procédé réformateur, qui va de l'intelligence à la matière, nous paraît le plus naturel, le plus puissant, le plus capable d'éviter ces myriades de cercles vicieux où toute logique tombe nécessairement aujourd'hui; le seul par conséquent qui convienne à la France; le seul qui doive amener heureusement toutes les réformes qui rentrent dans les attributions des divers ministères et qu'exige impérieusement l'état de notre civilisation.

DANGER INCESSANT CONTRE LE DUC D'ORLÉANS.

La moindre modification dans le vieil ordre de choses; la moindre concession à l'esprit moderne suffirait à rendre la dynastie orléaniste la plus populaire de toutes les dynasties européennes. Mais comme pas un seul ministère n'a connu encore, du moins ostensiblement, ni la portée de juillet, ni les conséquences d'avenir qu'il déterminait, il résulte qu'on traîne gauchement et lourdement la monarchie actuelle, tantôt à droite, tantôt à gauche, tantôt en arrière, tantôt en avant, sans qu'on puisse jamais lui imprimer sa direction franche et naturelle; il résulte en outre qu'on perd en intrigues de tout genre, un temps précieux pour l'application de notre pensée nationale, et que l'on compromet ainsi tous les jours, et à chaque instant, la dynastie orléaniste, *la seule dynastie qui soit à même d'assurer la liberté au monde sans aucun péril ni pour les rois ni pour les peuples.*

PLACE, PLACE!

Place, place donc, au parti nationaliste, parce que lui seul peut lier l'existence de la dynastie orléaniste à juillet; parce que lui seul peut les lier tous deux au présent et à l'avenir du peuple français; parce que lui seul achemine tous les peuples de la terre au droit, et à la justice réelle; parce que lui seul ayant un système normal et complet n'a qu'à s'abandonner à ses virtualités pour être toujours honorable, toujours honoré; pour éterniser le pouvoir de 1830; parce que nul ne déroge en l'acceptant.

M. DE LAMARTINE, CHEF DE PARTI.

Mais voyez, dit-on; M. de Lamartine a voulu faire un parti nouveau, ou du moins il a fait sentir la nécessité d'en créer un; qu'en est-il résulté.

Pauvres gens! Pauvre objection! Vous croyez donc que tous les hommes sont en puissance de commencer, d'inaugurer un parti!

Les chefs de parti, c'est Dieu qui les enfante; c'est Dieu qui les produit quand il en est temps. Un peu trop tôt, un peu trop tard, on ne peut plus rien; il faut venir à l'heure, à l'heure juste. Or, M. de Lamartine est venu trop tôt.

D'ailleurs, il en est des chefs de parti comme des poètes, *nascuntur,* ils naissent avec la vocation, et leur vocation ne s'acquiert pas, ne se donne pas.

Or, M. de Lamartine est né poète; il a le défaut de sa qualité. Donc il est impropre au rôle qu'on lui attribue; on ne cumule pas les bénéfices du génie.

Avez-vous compris et senti ce qu'il ne faut pas confondre; avez-vous compris et senti la nécessité d'une grande vérité religieuse pour conduire les sociétés? Avez-vous palpé chaque fibre de notre histoire, chaque fibre de notre époque? Avez-vous un système complet qui soit en harmonie parfaite avec notre nature, avec son développement normal? Avez-vous des idées claires, nettes, précises, applicables sur chaque partie de ce système? Avez-vous beaucoup méprisé sans jamais haïr? Avez-vous un amour immense pour vos semblables? Prenez rang à la tête du parti nationaliste.

Mettons en rapport maintenant les suaves, les poétiques rêveries religieuses de M. de Lamartine avec l'exactitude de la vérité religieuse qu'un chef de parti doit apporter avec lui.

Mettons en rapport toutes les *idéalités* du grand poète sur le bonheur général, avec la *pratique* d'un système social quelconque.

Mettons en rapport toutes ces aristocraties d'esprit et

toutes les élégances qui distinguent le chantre de Childe-Harold avec cette énergie, cette force d'esprit et de cœur qui est la condition *sine quâ non* de succès d'un chef de parti.

Mettons en rapport la sécurité de cette existence si brillante, si confortable et si paisible avec le jeté, l'imprévu, l'audace inhérente à l'existence d'un homme qui doit être toujours prêt à affronter les orages des passions les plus injustes, les plus irritantes, les plus haineuses.

Non, M. de Lamartine n'est pas un chef de parti; il ne peut pas l'être; il ne le sera jamais.

Nous irons même plus loin; il n'est pas un seul homme aujourd'hui dans les chambres parlementaires qui soit en position d'inaugurer le parti qui seul peut faire face aux nécessités du présent. En effet, chaque homme politique n'a et ne peut avoir d'autre valeur que celle qui lui est acquise par ses antécédents; or, malgré tant de célébrités, malgré tant de beaux caractères, pas un seul homme politique n'est *pleinement* en rapport, ni avec juillet ni avec tous les besoins de nos actualités, par ses antécédents connus. Et c'est ici qu'est la grande, la très grande difficulté pour la dynastie de juillet.

Qu'on n'espère donc pas de M. de Lamartine plus qu'il ne faut en espérer. Comme artiste, M. de Lamartine est une immense gloire des temps modernes; comme député, c'est un homme de bien; inclinons-nous de respect devant celui qui peut réunir en lui le double sacerdoce de la poésie et des vertus publiques; mais ne le lançons pas dans des voies où Dieu ne l'a pas appelé.

Qu'on n'espère pas davantage des hommes dont le nom retentit le plus haut dans les chambres; car aucun d'eux n'a produit, du moins encore, une pensée assez féconde pour donner à juillet et à sa monarchie leur véritable sens, leur sens *complet.*

Ce n'est pas pour rien que depuis deux ou trois ans surtout le pays se plaint des chambres. Le pays a raison : *Vox populi, vox Dei.*

La France extra-parlementaire a vécu un siècle dans l'espace des deux ou trois dernières années qui viennent de s'écouler; elle est bien supérieure, en intelligence sociale à la France parlementaire; elle seule aujourd'hui renferme les éléments qui doivent sauver juillet et éterniser sa dynastie.

Ainsi, le renouvellement de la chambre des députés, la disparition d'une foule de ses membres, l'entrée au grand concile démocratique d'une multitude d'hommes encore ignorés, encore inconnus, comme hommes politiques, soit dans l'ordre civil, soit dans l'ordre militaire, sont, d'après nous, les seuls moyens de frapper de grands coups dans l'intérêt de juillet et de sa dynastie, de se mettre en rapport avec eux, de suffire à toutes leurs tendances.

3me PARTIE.

LA DYNASTIE ORLÉANISTE ET LE MONDE CONNU.

Jusqu'à présent nous avons considéré la pensée mère de la dynastie de juillet dans sa puissance théorique et dans sa puissance pratique; il nous reste à la considérer dans ses rapports avec le monde connu.

LA DYNASTIE ORLÉANISTE ET L'EUROPE.

RUSSIE.

La Russie, cette nation si compacte et si puissante; ce colosse qui déjà sous la restauration inspirait tant d'alarmes et mettait un si haut prix à son alliance; ce géant terrible qui tient aujourd'hui la Pologne sous ses pieds, qui d'une main menace toute la partie septentrionale de l'Europe occidentale, qui de l'autre menace la Turquie et la Perse, l'Inde et la Chine; ce formidable ennemi qui s'avance graduellement vers le midi, sans qu'aucun obstacle puisse troubler ses résolutions; ce diplomate si habile et si persévérant qui domine presque dans tous les cabinets de l'Europe, et toujours avec une arrière-pensée de destruction et d'égoisme; la Russie ne peut tarder à comprendre, enfin, qu'au-dessus de la force brutale il existe une force d'une nature supérieure.

Et en effet, la noblesse, c'est-à-dire le premier corps de l'État, est devenue, surtout depuis quelques années, éminemment accessible aux idées libérales. Secondée par une éducation toute française, elle a lu, elle lit avidement nos livres et nos journaux; elle se nourrit l'esprit de nos idées, de nos théories et de nos systèmes; elle les aime par prédilection. Plusieurs de ses membres même connaissent plus que la philosophie française; ils ont étudié, ils connaissent toute l'Europe pensante.

D'un autre côté, le sacerdoce, si choyé dans le centre et le midi de l'Europe, ne jouit en Russie d'aucune considération. Quels que soient les motifs de cette abjection, le clergé n'est pas là dans son état normal. Il doit donc, par sa tendance naturelle, provoquer une situation meilleure, plus conforme au caractère sacré dont il est revêtu. De là nécessairement lutte sourde, lutte incessante contre le système et l'esprit politique adopté; de là une disposition particulière et permanente à propager toute idée contraire à l'autocratie.

Ensuite vient le travail qui se fait dans la classe des bourgeois. Établie par un ukase de Catherine, cette classe accroit de jour en jour son importance par sa fortune, ses relations et ses voyages. Savoir si elle ne forme pas déjà en Russie une espèce de tiers-état tacite, savoir si elle n'est pas déjà dans les principales villes de l'empire un redoutable auxiliaire de la pensée sociale.

A tant de diverses préparations qu'on joigne tout ce qu'il doit se répandre d'idées progressives dans les classes inférieures, toujours et en tout lieu si disposées à faire accueil aux idées innovantes ; qu'on rappelle les exemples de patriotisme que les Russes ont été forcés d'admirer dans leurs combats contre des ennemis courageux ; qu'on étudie les influences qui se croisent dans ce pays du midi au nord, on se convaincra que la grande famille de Pierre Ier tend au moins à modifier ses conditions d'existence.

D'où, le principe de la dynastie orléaniste est en accord parfait avec le développement instant et prochain de la nation Russe.

L'AUTRICHE.

La pensée première, la pensée capitale du cabinet de Vienne, c'est de protéger et de conserver toutes les fictions de la vieille monarchie, du vieil absolutisme ; et dans l'époque qui vient de s'écouler, renouvelant ce qu'on avait fait au seizième siècle, quand on avait voulu garantir le pays de tout contact avec la révolution protestante, ce cabinet a regardé le développement de l'esprit humain comme une sorte de fléau dont il fallait préserver les peuples.

Est-ce par faiblesse, est-ce par inintelligence que les maîtres de l'Autriche ont cru devoir traiter les gouvernés comme des troupeaux à qui la nourriture et la digestion quotidienne suffisaient ? Je ne sais ; ce qui est certain, c'est que la capitale de l'empire n'a point d'esprit public ; et que, par suite, l'autorité est héréditaire dans certaines familles, comme l'esclavage est héréditaire dans d'autres.

Aussi, cette cour d'Autriche si pompeuse dans son

opulence, si triomphale au milieu de ses blasons; cette cour dont presque toutes les notabilités politiques de la France sont si heureuses de provoquer un geste, un sourire d'amitié, est-elle, sans contredit, malgré les apparences, la plus anti-religieuse, la plus anti-chrétienne de toute l'Europe. Singulière anomalie! L'absolutisme français qui, comme nul ne l'ignore, prétend être le seul parti religieux, est précisément dévoué aux cours qui ont le plus de mépris pour la religion et ses ministres. En Autriche, le christianisme n'a aucune influence sur les destinées sociales. En Russie, les grands font manger les prêtres à l'office, en compagnie de la valetaille.

Rassurons-nous toutefois; cette pensée si opiniâtre de l'absolutisme autrichien est sur son déclin. En arrêtant, en comprimant les facultés intellectuelles, le cabinet de Vienne a beaucoup retardé les richesses nationales; par conséquent, les charges sont devenues plus onéreuses, et de là, des plaintes, de fréquents murmures qui, pour être dissimulés et seulement entendus au foyer domestique, n'en ont pas moins une grande valeur.

D'ailleurs, l'Autriche est entre quatre foyers d'innovations et de réformes; les peuples de la Bavière et du Wurtemberg ont fait assez leurs preuves de libéralisme; les provinces du Nord autrichien s'indignent déjà depuis long-temps de la rareté des débouchés pour leurs produits; les provinces du Midi sont inquiètes et turbulentes par le voisinage de l'Italie.

La Hongrie a osé déjà résister à quelques prétentions

du cabinet de Vienne par quelques magnats de talent et d'énergie.

Enfin, au-delà des Bosniaques, passe et repasse un peuple qui a senti remuer toutes ses idées et toutes ses institutions.

Quoi donc! les Autrichiens seraient-ils des natures fossiles! Cette nation, qui nous envoie pour ses ambassades des hommes si distingués et des femmes si exquises de grâce, d'amabilité, de bon ton, restera-t-elle encore long-temps étrangère à l'harmonie toute divine de ces grandes idées qui entraînent le monde à des destinées nouvelles? Non, non; nous ne saurions admettre une pareille discordance sociale; n'en doutons pas, l'esprit autrichien marche aussi à la liberté; il tend aussi vers la sphère où gravite l'étoile orléaniste.

LA PRUSSE.

Tout occupée en apparence d'industrie, de lignes commerciales et de finances, la Prusse, dont les absolutistes français ne cessent de vanter l'esprit belliqueux, comme pour nous faire peur, est aujourd'hui une des puissances les plus intéressées à la paix. Aussi, le cabinet de Berlin, qui comprend très bien cette vérité, n'a-t-il rien plus à cœur que de marcher avec une idée politique semblable à l'idée politique du cabinet de Vienne. D'ailleurs, tout plein encore des souvenirs, des embarras que lui suscitèrent les concessions qu'il fût obligé de faire à l'opinion libérale en 1813 et 1814; ce qu'il veut surtout éviter, c'est de les reproduire. Il est arrivé même à la cour du roi de Prusse ce qui arrive toujours quand on a à se plaindre d'un excès auquel on a imprudemment sacrifié; on tombe dans l'excès contraire.

Mais c'est envain que le cabinet de Berlin voudrait anéantir l'esprit de liberté, ou c'est envain qu'il voudrait y faire diversion en favorisant particulièrement tout ce qui rentre dans les intérêts matériels; les sociétés secrètes ont déposé sur le sol de la Prusse des germes qui ne sauraient rester stériles. Les corps savants, d'ailleurs, sont là, prêtres et archanges de la pensée, et la parole de tant d'illustres professeurs retentit trop éloquemment dans les âmes pour qu'elles puissent jamais oublier le noble et saint héritage de l'intelligence.

Il y a toutefois, d'après nous, un danger plus grand qu'on ne croit dans la science, telle qu'elle est donnée en Prusse. Ce danger vient de ce que la science de Berlin est trop en dehors des actualités, trop subtile, trop abstruse, trop métaphysique, trop semblable aux études du moyen-âge; n'y aurait-il pas lieu de dire ici ce qu'on dit en beaucoup de cas, que les extrêmes se touchent, que l'ignorance, et la science prise dans des régions trop surhumaines, produisent les mêmes résultats? N'y aurait-il pas lieu même de demander si le gouvernement ne fait pas de cette monomanie idéalistique un moyen de préoccuper l'esprit national au préjudice des institutions politiques. Que d'autres décident.

Quoiqu'il en soit, restons persuadés que là où il y a des hommes qui pensent, il existe de très nombreuses et de très profondes sympathies pour notre juillet et la race royale qui le représente.

L'ANGLETERRE.

L'Angleterre et la France sont les deux hydres que l'absolutisme voudrait, mais n'ose pas écraser ; c'est que ces deux pays tiennent seuls l'absolutisme en échec sur tous les points du monde civilisé. Supprimez l'Angleterre et la France de la carte des nations, on supprime toute la liberté moderne ; on retombe dans un milieu où il n'y a que des maîtres et des esclaves.

Quel réveil pour l'absolutisme si, au lever d'un soleil, on venait lui apprendre que la mer a englouti toutes les races qui vivaient sous la protection du léopard britannique et du coq gaulois.

Mais précisons nos dires ! Qu'y a-t-il en Angleterre? Absolument ce qu'il y a en France.

Chez nous l'aristocratie, en tant que caste, s'abaisse de jour en jour.

Même abaissement en Angleterre.

Chez nous l'Église est l'objet d'une indifférence plus délétère encore que la haine.

En Angleterre l'église nationale est menacée d'une prochaine destruction.

Chez nous l'esprit de liberté s'infiltre de jour en jour au travers de toutes les classes.

En Angleterre l'esprit Wigh et radical domine peu à peu l'opinion Tory.

L'Angleterre et la France vivent donc à peu près la même vie sociale, ce qui n'implique pas encore nécessairement affection mutuelle.

L'ESPAGNE.

Dans le monde politique, comme partout ailleurs, il est des opinions que l'usage a consacrées, que l'irréflexion maintient, et qui ont une sorte d'autorité proverbiale. Ainsi, parler de l'Espagne, c'est parler d'un pays livré aux moines, à l'inquisition, aux prêtres et à toute l'hébétation d'un système abrutissant.

Il s'en faut pourtant que les choses soient en Espagne telles qu'on les dit.

D'abord, par sa constitution physique, le peuple espagnol est, sans contredit, un des plus virtuels de notre époque. Est-ce le soleil, est-ce l'accumulation de longues colères contre le despotisme; est-ce l'impatience de conquérir des libertés, qui ont aussi prodigieusement multiplié les forces sociales au-delà des Pyrénées? Ce n'est là qu'une question accessoire ici; ce qui est positif, c'est que l'Espagnol tient du vieux Romain par la noblesse et la fierté de son caractère; qu'il tient de l'Italien moderne par son activité; qu'il est capable aujourd'hui de plus d'efforts qu'aucun autre peuple; ce qui n'est pas moins certain, c'est que le plus médiocre gouvernement en tirerait de très grandes ressources, pour peu qu'il inspirât confiance au pays.

Que si l'on consulte ensuite son histoire, on saura que, depuis un grand siècle, les Espagnols n'ont cessé d'être en progrès; citons des faits.

Depuis Philippe V jusqu'à nos jours, la population a doublé;

Le revenu public, qui était de dix millions de francs

à la mort de Charles II, s'est élevé jusqu'à cent cinquante-cinq millions dans ces derniers temps.

Les routes nouvelles, la canalisation, l'agriculture, les produits coloniaux ont été favorisés autant et presque aussi bien que partout ailleurs.

Les méthodes d'enseignement se sont améliorées; le nombre d'étudiants s'est accru.

Quant à la pensée politique, elle est sans doute encore mal réglée, mal fixée; mais elle n'est certainement pas telle qu'on se la représente parmi nous.

Pendant le ministère de M. Richelieu, en France, et au commencement de notre restauration, il existait déjà en Espagne un certain parti libéral qui, en admettant la constitution de Cadix, en retranchait ce qu'elle avait de trop démocratique, de trop irrégulier. Sous Ferdinand, il se forma un autre parti qui, repoussant toute espèce de constitution, en présence de tant de mauvaises passions débordées sur l'Espagne, demandait cependant de notables modifications dans le système politique et administratif. Et voyez ce qui se passe aujourd'hui dans la Péninsule : là, on veut conserver le trône de Christine et de sa fille; ici, on se bat pour don Carlos; ailleurs on proclame la constitution de 1812; partout tumulte et point de réflexion précise.

Que conclure? C'est qu'il s'est fait un grand changement dans l'esprit national, en Espagne, sur les devoirs du gouvernement; c'est que la poignante incertitude qui agite tous les cœurs et toutes les imaginations est l'indice certain de la victoire prochaine du principe démocratique, dans l'éventualité même où don Carlos pousserait jusqu'à Madrid.

D'où, évidemment l'Espagne est acquise aussi à la cause libérale.

LE PORTUGAL.

La Sainte-Alliance était parvenue à faire régner une tranquillité profonde en Europe, mais cette tranquillité n'était que ce calme plat qui ne présage que des tempêtes. Aussi, les peuples, un moment engourdis par le breuvage absolustiste, se levèrent avec fureur, et bientôt les rois, forcés de rompre leur système de prédilection, durent céder à l'entraînement des masses.

Cette révolution, qui éclata dans quelques grands royaumes, retentit dans quelques autres états, et le Portugal aussi voulut jouir de ses bienfaits.

Voilà pourquoi, après la mort de Jean VI, don Pedro crut n'avoir rien de mieux à faire pour son pays que d'envoyer du Brésil au Portugal une charte constitutionnelle, et bientôt après l'infante pensa ne pouvoir mieux ratifier le coup d'état qu'elle avait accompli en s'emparant de toute l'autorité de la régence, qu'en appelant, auprès d'elle, le général Saldanha.

Don Miguel lui-même alla jusqu'à prêter serment à la charte.

Et c'est envain que la reine mère, la fameuse Dona Charlotte, si connue et si célèbre par le tragique désordre de son caractère, essaya de lutter contre toutes les tendances démocratiques qui l'entouraient; c'est envain que l'Infant fit demander le renversement de la charte par des manœuvres de police; c'est envain qu'au mépris de promesses faites à la France, à l'Autriche, à l'Angleterre, il voulut ensuite se déclarer roi absolu ; le Portugal n'en persista pas moins à se déclarer en masse contre le parti apostolique.

Peut-être niera-t-on cette tendance de l'esprit public, si l'on interroge quelques nobles, la magistrature et le clergé.

Mais, nul ne l'ignore, la noblesse portugaise ne vit, en général, que des abus du passé ; la magistrature des désordres et de la confusion administrative. Quant au clergé, il est là ce qu'il est partout ailleurs. D'où, ni la noblesse, ni la magistrature, ni le clergé ne sont compétents pour décider la question du progrès national.

D'un autre côté, depuis que nous avons cessé de protéger le Portugal contre le cabinet de Madrid, le Portugal est devenu l'allié de l'Angleterre ; d'où il s'est familiarisé de plus en plus avec les goûts constitutionnels.

Enfin, non-seulement le Portugal aspire les idées libérales par l'Angleterre ; il se doit surtout maintenant de bien accueillir celles qui lui viennent particulièrement de la France ; car c'est surtout en nous témoignant des déférences qu'il est sûr d'exciter la jalousie du cabinet de Londres, et d'obtenir ainsi des concessions qu'on ne lui ferait pas sans cette espèce de coquetterie politique.

D'où le Portugal appartient aux doctrines de la France par ses vingt-cinq dernières années surtout, par ses générations présentes et avenir.

L'ITALIE.

Il n'y a jamais eu, il n'y a encore que deux procédés pour gouverner les sociétés, c'est la justice humaine inspirée de la justice divine, ou la force matérielle et brutale; c'est le procédé de la force brutale qui prévaut plus que jamais en Italie. Parcourez cette terre de souvenirs depuis le Nord jusqu'au Sud; voyez ce duc de Modène, comme il est fier de son système absolutiste; voyez la Toscane comme elle se ressent de son voisinage; voyez les états de Parme et de Lucques comme ils sont surveillés et convoités; voyez les états romains; quel silence! quel abattement! voyez le royaume des Deux Siciles, comme il se résigne aux destinées qu'on lui fait. Remontez de là aux intentions et aux projets de confédération qui furent exposés aux congrès de Leybach, de Vérone et à l'entrevue de Milan. Avez-vous bien entendu? quels affreux complots contre la liberté de l'Italie! les Cimbres et les Teutons auraient été moins funestes pour elle que certains diplomates modernes.

Toutefois, au-dessous de cette surface où la tyrannie domine en souveraine absolue; au-dessous de ce vaste cénacle où l'on gorge les populations pour mieux les endormir; au-dessous de ce lupanar peninsulaire où l'on a organisé une exécrable énervation des sens pour accomplir plus facilement l'exécrable énervation des idées; il est une autre surface où l'on attend, où l'on espère; c'est ici que sont les véritables enfants de l'Italie, ceux-là qui ont su comprendre tout ce qu'il y a de moralité dans le développement de l'intelligence humaine; c'est ici qu'est la poussière des Gracques; c'est donc ici qu'on protestera sans cesse contre les sauvages oppressions qu'il faut subir; c'est ici qu'on vivra pour provoquer nuit et jour l'œuvre de la délivrance, et pour rappeler, un jour, au nom de la patrie reconquise, tous ces nobles enfants qui pleurent dans l'exil le malheur de l'avoir perdue.

D'ailleurs, qu'il brille à l'horison quelque lueur de guerre, on verra bien alors si le peuple italien n'a pas mille fois plus de sympathies pour notre principe de socialité actuelle, que pour le système de l'ancienne politique.

LA SUISSE.

D'après le système politique que nous avons suivi depuis 400 ans, la Suisse était considérée comme un allié non-seulement utile, mais indispensable à la France. La Suisse en effet est, pour notre frontière de l'Est, ce que l'Espagne est pour celle du Midi; c'est-à-dire un boulevard nécessaire contre des hostilités qui pourraient menacer notre territoire. Voilà pourquoi, depuis Charles VIII, nos rois avaient pris des soldats suisses à leur solde; voilà pourquoi le directoire et Bonaparte, lui-même, avaient adopté le système des capitulations; voilà pourquoi, d'après nous, on a commis une grande faute en interrompant ces capitulations, et une plus grande encore en compromettant nos relations avec ce pays; en nous forçant à arracher au commerce, à l'agriculture et à l'industrie, le contingent d'hommes que les Suisses remplaçaient.

La Suisse est donc notre vieille amie, notre alliée naturelle. Mais les sympathies qui ont existé entre elle et la France se sont fortifiées sous un autre point de vue.

En effet, si là comme ailleurs il existe une aristocratie fière et hautaine, n'oublions pas que cette aristocratie elle-même, comprend, de plus en plus, qu'il faut faire des concessions à notre époque.

D'un autre côté, consultons sans prévention l'esprit qui règne plus particulièrement à Zurich, dans les cantons de Genève et de Vaud, nous saurons qu'il se forme en Suisse une opinion conquérante qui atteste une tendance remarquable à l'acceptation des idées nouvelles chez nos voisins de l'Est.

Ce n'est pas que cet esprit puisse encore de longtemps agir uniformément et d'ensemble sur tous les points de la Suisse dans un même but. La première condition de sécurité pour ce pays, c'est que chaque canton conserve ses traits distinctifs. Mais il doit nous être doux de penser que la Suisse n'a pas de plus grand intérêt que de rester neutre, pour seconder toutes les fortunes de la France, si elle veut ne pas être incorporée à quelque partie de l'Allemagne ou de l'Autriche.

LE RESTE DE L'EUROPE.

Si l'on étudie maintenant l'esprit qui s'est introduit depuis quelques années dans la diète de Stockolm,

L'esprit du Sthorting de 1824-27 et 36;

Les causes de la violente opposition qui tient séparées la Belgique et la Hollande;

Les agitations, les fréquentes impatiences de tyrannie qui ont encore lieu en Allemagne ;

Les tendances des principautés du Danube ; la pensée qui règne dans les hautes classes de la société à Bukarest, à Yassi ; à Belgrade, à Krakoujevacz ;

Les luttes politiques qui se sont établies en Grèce, à travers les oppositions et contre-oppositions du parti russe, du parti anglais, du parti français ;

Si l'on étudie enfin toutes ces inspirations innovantes qui ont failli faire un grand homme, un Pierre-le-Grand, du sultan Mahmoud, et qui, de Constantinople, ont pénétré presque dans tous les Eyalets, presque dans tous les Sandjacs, dans toutes les classes de l'empire, depuis le Capitan-Pacha jusqu'aux fermiers les plus humbles et aux rayas les plus obscurs ;

Nul doute, nul doute, l'on tiendra pour certain que tous les peuples de l'Europe se tournent, se retournent pour tenter de grandes choses en faveur de la liberté ; et que la dynastie orléaniste est la clé de voûte de la nouvelle civilisation qui se prépare.

LA DYNASTIE ORLÉANISTE ET L'AFRIQUE.

Quand Louis IX, de glorieuse mémoire, alla en Afrique, c'était pour y former quelque établissement au profit de la France.

Richelieu eut une idée pareille à celle de Louis IX, quand il essaya de fortifier la colonie du golfe de Bone.

On sait que Louis XIV avait aussi ses raisons quand il faisait bombarder Alger.

Tout homme qui s'est occupé quelque peu de politique, connaît les projets de MM. de Choiseul et Vergennes, relativement à une colonisation d'Afrique.

Napoléon, lui, voulait que la Méditerrannée fut un lac français.

Ainsi, tout en félicitant sincèrement le gouvernement de Charles X du beau succès qu'il obtint sur la côte d'Afriquc, ne nous exagérons pas ses mérites pour nous exciter à d'injustes regrets envers un régime radicalement mauvais en lui-même. Charles X n'avait fait qu'exécuter un plan que lui avaient légué sept siècles d'expérience.

Ce préliminaire posé, la dynastie ou l'influence orléaniste est-elle plus et mieux en rapport que l'influence de la vieille légitimité avec l'intérêt de la civilisation et de la France, sur le territoire africain ?

La solution ne saurait être long-temps douteuse.

Quels ont été les résultats les plus directs et les plus importants de la conquête d'Alger? c'est d'avoir frappé à mort la piraterie, d'avoir rendu la Méditerrannée accessible à toutes les marines, par conséquent d'avoir multiplié les communications entre les peuples, d'avoir facilité l'échange des idées, d'avoir favorisé enfin ce qu'on appelle la civilisation, c'est-à-dire le développement des pensées et des tendances normales à la volonté de Dieu.

Or, la dynastie orléaniste, par son principe même, n'est qu'une force dévouée à la civilisation, tandis que, par son principe, l'ancienne dynastie la retarde et l'entrave;

D'où juillet et la dynastie orléaniste sont rigoureusement préférables en théorie à l'influence dite légitimiste, sur la terre africaine.

Mais allons à la pratique.

Avec la dynastie orléaniste, la France apporte en Afrique toutes les idées dont l'homme et sa raison s'honorent.

Avec l'ancienne dynastie, la colonie d'Afrique devient un pays à missionnaires, à fanatisme*, où l'on

* Le 9 janvier, le célèbre orateur légitimiste de la chambre des Pairs, M. de Dreux-Brézé prononçait ces paroles en présence de l'héritier présomptif de la couronne :

« Qui de vous ignore, Messieurs, qu'il n'a fallu rien moins que le « noble et ferme langage tenu à lord Aberdeen, en 1830, par M. le duc « de Laval, pour que l'Angleterre se résignât à nous laisser accomplir « une conquête qui devait contribuer, bien mieux que les doctrines ré- « volutionnaires, à hâter la civilisation du monde *par la propagation* « *du christianisme.* »

A ces derniers mots, dit la *Gazette de France* (mardi 10 janvier), il se manifesta une vive sensation parmi les membres de la noble chambre; il sembla résulter que tout ce qui n'était pas légitimiste dans le vieux sens n'était pas chrétien et n'avait aucun principe d'ordre. Comment se fait-il que parmi tous ces hommes d'étude et de réflexion, qu'on a promus à la pairie, pas un n'ait saisi toute la portée d'une aussi grave insinuation; comment se fait-il que pas un ne se soit levé pour l'anéantir au nom du christianisme lui-même et de la raison moderne?

Nous le répétons avec douleur, avec une douleur profonde. Dans l'état actuel des choses, dans l'état actuel de la pensée gouvernementale et ministérielle, le parti légitimiste occupe la première place sur le plan social; il est supérieur, incontestablement supérieur à tout ce qui s'agite autour de lui, et c'est envain qu'on voudrait le nier. Quand donc le forcerons-nous de descendre au second rang?

ne va jeter que des doctrines en contradiction avec les doctrines acquises à la mère-patrie.

Avec la dynastie orléaniste, l'Afrique tend à se mettre en rapport avec l'esprit européen, à se policer, à s'instruire, à comprendre de mieux en mieux la noblesse de notre origine et notre destination.

Avec le système dit légitimiste, l'Afrique n'est plus qu'un terrain d'action contre toutes les tendances démocratiques, contre toutes les tendances chrétiennes des temps modernes ; elle devient un point d'appui d'où l'on prend en queue, par le flanc droit et par le flanc gauche, toutes les idées progressives, d'où on les pousse vers le centre d'où elles partent, vers la France, vers Paris, où on les surveille, où on les opprime, jusqu'à ce que le temps soit venu de les y étouffer, pour recommencer immédiatement après l'incohérence, les fictions et toutes les misères de l'ancien despotisme royal et féodal.

Avec la dynastie orléaniste, nous pouvons pleinement nous déclarer pour la justice absolue, pour le droit absolu, contre la justice relative, contre le droit relatif, contre l'obéissance inintelligente et passive ; nous marchons ainsi avec Méhémet-Aly, si puissant dans ce pays.

Avec l'influence dite légitimiste, nous sommes tout à coup en contradiction manifeste avec le principe qui a élevé Méhémet-Aly ; par suite, nous ne lui inspirons que des défiances.

Avec la dynastie orléaniste, nous faisons de l'Afrique un immense magasin de richesses de tout genre, parce que nous *libéralisons* de plus en plus l'esprit qui a présidé à la formation de la colonie.

Avec l'influence de l'ancienne *légitimité*, les colons se troublent ; leurs affections sont froissées ; au lieu d'avancer, ils restent stationnaires ; ils sont rétrogrades dans leurs idées et leurs projets. Puis, l'Égypte nous repoussant par Méhémet-Aly, Ibrahim ou leurs descendants, les vieilles rancunes du cabinet britannique, un moment incertaines devant notre attitude nationale, s'acharnent plus violemment que jamais contre nos prospérités naissantes ; elles entassent subsides sur subsides dans les caisses des puissances barbaresques ; encore un dernier effort, elles nous chassent de l'Afrique.

La dynastie orléaniste nous donne donc sur l'Afrique des avantages de tout genre qu'il nous est impossible et défendu d'espérer avec le principe de la branche aînée.

LA DYNASTIE ORLÉANISTE ET L'AMÉRIQUE.

Répandre partout le principe démocratique, telle paraît être l'idée fixe des habitants des Etats-Unis. Enfants nés du tumulte et des agitations populaires, heureux de ce tumulte et de ces agitations pour des causes qu'il serait trop long d'expliquer ici, ils croient que la pensée de leur mode gouvernemental doit envahir le monde. Aussi, ont-ils favorisé tous les ébranlements qui renversaient les autorités royales. L'Amérique du Nord n'est donc pas et ne sera jamais dévouée au principe de la branche aînée des Bourbons. Or, le principe de la dynastie orléaniste est le contraire de celui de la branche aînée ; concluez.

Examinons maintenant l'Amérique du Sud ; rappelons-nous les guerres de Bustamente et de Guerrero ; les exaltations toutes républicaines qui se sont manifestées à Guatimala ; les diverses insurrections de la Colombie ; les idées constitutionnelles d'Urdanetta et de Castillo ; l'effroyable anarchie qui a ensanglanté les provinces unies de Rio de la Plata ; les luttes interminables des fédéralistes et de leurs redoutables adversaires ; les massacres qui ont désolé le Chili. Qu'est-ce donc, qu'est-ce donc que tout cela, si ce n'est l'horrible douleur d'une liberté trop précoce qui veut présider aux destinées d'un pays.

Sans doute, l'Amérique du Sud n'était pas encore prête quand elle se sépara de l'Espagne ; elle a payé bien cher l'imprudence que lui fit commettre en partie l'orgueil de Canning et sa jalousie contre notre expédition d'Espagne ; ses blessures saigneront long-temps, bien long-temps encore. Mais, croyons-le fermement, les mêmes goûts, les mêmes tendances politiques se retrouvent au nord et au sud des Amériques ; un peuple ne traîne pas sa tête dans le sang et la boue au nom de la liberté, pour que la liberté soit là une chimère.

Ainsi, la dynastie orléaniste ne doit pas seulement exciter de nombreuses sympathies en Amérique, elle doit finir encore par y exercer des influences très safutaires en y réglant ce qui est mal réglé, ce qui est mal compris. Ce n'est pas l'Amérique qui doit donner des lois à l'Europe. Le continent européen est le jeune homme le plus expérimenté du globe ; c'est donc à lui qu'il appartient seulement de donner des lois et des conseils.

Qu'au contraire, en face de ces nations américaines si fières, si imposantes par leurs colossales proportions, on vienne poser le système de l'ancienne légitimité, le système de caste, le système tel que l'entendent les fidèles de Henri V ; Soyez-en sûrs, les Américains croiraient ne l'avoir jamais assez méprisé.

LA DYNASTIE ORLÉANISTE ET L'ASIE.

Ceux des jésuites qui, excités par un zèle tout évangélique, sont allés prêcher la fraternité, l'égalité, la liberté et l'affection chrétienne en Asie ; les Russes qui ont tant agité la Chine, l'Inde et la Perse ; les victoires d'Ibrahim-Pacha qui ont porté tant d'idées dans la Syrie et l'Arabie ; le Pacha d'Egypte, prince éminemment civilisateur, qui entretient des relations continuelles avec plusieurs princes au delà du Taurus ; le commerce de l'Europe, de l'Amérique et de l'Afrique, qui n'a jamais été plus actif avec l'Asie qu'aux temps où nous sommes, par les progrès de la navigation ; le spectacle continuel de la Turquie changeant peu à peu ses lois fondamentales et organiques ont contribué sans doute à jeter sur la terre, d'où nous vient le soleil, une foule de ces pensées dont la force et la dignité appellent d'énergiques et de mémorables réformes.

Mais il y a dans cette contrée le germe d'une influence plus directe, plus décisive et plus puissante.

Encore cinquante ans, et la colonie asiatique de la vieille Albion déchirera le pacte de famille qui la soumet à l'Europe; encore cinquante ans, et elle accomplira une révolution pareille à celle qui constitua l'indépendance américaine; encore cinquante ans, et le souffle divin remuera l'espace et l'abîme, là où furent Babylone et Ninive; là où s'élèvent l'Himalaïa et les villes mystérieuses des descendants de Fo-Hi.

PRÉPOTENCE ORLÉANISTE.

Ce sont donc des faits qui ont la certitude de faits mathématiques; savoir :

Que la dynastie orléaniste, en principe, résume en elle tous les progrès, toute l'expérience, toutes les nobles tendances de notre esprit national;

Qu'elle a même objet et même but que les dix-neuf-vingtièmes des habitants de l'Europe actuelle;

Qu'elle est en harmonie avec la virtualité présente et la destinée future du monde entier.

D'où il suit évidemment qu'en principe la dynastie orléaniste est dans les conditions les plus heureuses et les plus désirables pour représenter le pouvoir, l'autorité en France;

Qu'elle est au maximum de la force théorique et pratique;

Qu'elle est la puissance la plus capable de nous initier, nous Français, et d'initier graduellement tous les peuples à un état social meilleur que l'état social du passé.

RÉCAPITULATION.

Deux systèmes sociaux sont en présence.

L'un pétrifie l'intelligence politique des masses au profit d'une minorité aristocratique; il supprime nos révolutions, nos plus belles traditions nationales, juillet et la dynastie orléaniste. Ce système est celui de la branche aînée des Bourbons et des principales cours prépondérantes de l'Europe, telles que la Russie, l'Autriche, la Prusse et de quelques cours du second et du troisième ordre; il est défendu par toutes les feuilles dites légitimistes, tant en France qu'à l'étranger.

L'autre respecte et développe l'intelligence politique des masses; il continue la pensée de nos révolutions dans ce qu'elles eurent de vrai, d'utile et d'honorable; il continue juillet; il adopte le principe de la dynastie orléaniste pour son premier représentant. Ce système est défendu par le *Courrier*, le *Temps*, le *Constitutionnel*, les *Débats*, le *National*.

Qui l'emportera du système légitimiste ou du système libéral.

Nul doute pour nous, la victoire doit rester au système libéral.

Mais le système libéral n'est représenté que très imparfaitement par le *Courrier*, le *Temps*, le *Constitutionnel*, les *Débats*, le *National*, etc., etc., etc., par les doctrinaires, l'opposition, le tiers-parti, le centre gauche, le plein-centre tel qu'il est; tandis que le parti nationaliste le représente dans toute sa force, dans son ensemble religieux et moral, social et politique, artistique et scientifique, progressif et harmonique.

Qui doit l'emporter donc des journaux et des opinions libérales connues, ou du parti nationaliste?

Nul doute, le parti nationaliste?

TRISTE ALTERNATIVE.

Mais admettons que les ministres ne comprennent pas ou ne veuillent pas comprendre la nécessité rigoureuse, l'inflexible nécessité d'une pensée gouvernementale et politique supérieure à la pensée gouvernementale et politique qui a eu cours en France jusqu'à présent, les ministres dès lors sont forcés, bon gré mal gré, de reconstituer l'ancien régime, de relever l'aristocratie fictive du passé, d'augmenter la puissance de la chambre des pairs. Dans ce cas, juillet se réduit de plus en plus à n'être que la médiocre continuation d'un système exécré par la raison nationale. Le pouvoir est sur les terres des légitimistes ; les légitimistes ont plus que jamais le droit de tirer à bout portant sur le pouvoir.

Ne cessons point de le répéter ; la condition d'existence du pouvoir de juillet, c'est qu'il soit distinct du pouvoir de la branche aînée ; c'est là un axiôme qu'il faudrait répéter, à chaque aurore, aux hommes qui président aux destinées de notre pays.

S'il est des circonstances ou le gouvernement est difficile, il n'est rien qui puisse absoudre un gouvernement qui manque à sa mission par incapacité ou par mauvais vouloir.

Juillet, tel que le parti nationaliste l'entend et l'applique, forme une légitimité contre laquelle aucune force connue ne peut prévaloir ; il assure une sécurité pleine et entière à la dynastie orléaniste et à la liberté.

Juillet, tel qu'on l'a interprêté jusqu'à présent, ne tend qu'à devenir une misérable déception au profit des légitimistes ou des républicains, *Di meliora püs.*

Que choisira-t-on ?

GRANDE RESPONSABILITÉ.

Qu'on y prenne garde ; s'il est incontestable que tous les gouvernés de l'Europe ont mêmes instincts, mêmes désirs, pour la monarchie de juillet, ce sont les gouvernements qui dirigent et commandent encore l'action de chaque peuple.

Or, sur les bords de la mer Noire, il est une question pendante dont la solution peut entraîner les plus graves complications.

D'un autre côté, le maître du cabinet russe n'aime pas juillet.

L'Autriche n'aspire qu'à la faveur de mériter des Czars quelques bribes d'un nouveau partage continental;

L'Angleterre qui, depuis notre abaissement de 1814, se considère comme le seul champion digne de tenir tête à la Russie, ne trouve encore son avantage qu'à nous nuire, malgré les efforts d'une diplomatie plus ou moins habile.

Savoir s'il n'éclatera pas bientôt une guerre entre la Russie, et l'Angleterre unie à la France, relativement à l'empire ottoman ou aux prétentions de Méhémet-Aly? Savoir si la Russie ne s'adjoindra pas l'Autriche et la Prusse; savoir s'il n'y aura pas bientôt une guerre générale?

A-t-on prévu ces divers cas?

A-t-on prévu aussi ce qui adviendrait si l'Angleterre cessait son alliance avec la France pour s'allier avec la Russie?

A-t-on prévu tant d'autres éventualités qui pourraient nous devenir fatales?

A-t-on garanti surtout l'inviolabilité de juillet et de sa monarchie? A-t-on garanti la succession au trône et par là les conséquences de toutes nos gloires sociales acquises?

Il faut le dire et le dire ouvertement, jamais la civilisation n'eut une plus belle chance de succès, mais jamais aussi elle n'eut de plus grands dangers à vaincre.

A aucune époque de l'histoire humaine, à aucune époque de notre histoire nationale, les dépositaires du pouvoir n'eurent une plus grave, une plus imposante responsabilité.

En voulez-vous une preuve directe?

Supposez qu'après une de ces nuits fiévreuses, où tout prince détrôné, s'il n'est pas un lâche, ne rêve que sceptre, Henri V saisît un tronçon de plûme, à l'insu de tous ses conseillers, et lançât à l'Europe un manifeste où le fils de soixante-dix rois lui demanderait un instant d'audience.

Supposez que dans ce manifeste, Henri V devenant tout à coup un homme exceptionnel, déclarât que tout en respectant la pensée absolutiste dans certains pays, il rompt avec elle pour se mettre d'accord avec la France; qu'il accepte 89 et 1830; qu'il demande le progrès, qu'il le demande à grands cris dans tous les sens, dans toutes les directions; qu'il fait un appel à tous les Français de tout rang, de toute condition pour reconquérir le trône de ses ancêtres; qu'il veut restaurer le culte du vrai Dieu, du véritable christianisme, restaurer la morale, favoriser les arts et les sciences, harmoniser leurs inspirations dans un même but; qu'il prend sous sa protection toutes les pensées, toutes les tendances du parti nationaliste.

Que deviendraient nos hommes d'état devant un

semblable manifeste? Croyez-vous que Henri V ne dominerait pas tout à coup la pensée ministérielle d'aujourd'hui? Croyez-vous qu'il ne centuplerait pas les affections qui lui sont vouées? Croyez-vous qu'il ne serait pas bien au-dessus de tous les partis qu'on lui oppose? Croyez-vous qu'il n'aurait pas plus de vingt députés dans la chambre pour représenter ses intérêts?

Eh bien, vous qui devez faire par *nécessité* ce que Henri V ne peut promettre et accomplir que par *concession*; devancez Henri V, profitez de votre principe, puisque vous avez l'avantage du terrain; placez-vous de manière que vous dépassiez toujours de la tête vos ennemis, tous vos ennemis. Soyez nationalistes; ainsi vous serez forts; ainsi vous serez habiles; ainsi vous serez à la hauteur de la France; et la France ne vous manquera pas plus à vous qu'à ceux qui l'ont bien comprise.

CONCLUSION.

Jusqu'à ce jour, les cabinets étrangers et une certaine partie de l'aristocratie française n'ont accepté juillet et la dynastie orléaniste que par mesure de *prudence*.

La presse opposante n'a fait que raisonner à côté du principe de juillet et de la dynastie orléaniste.

La presse dite dynastique a soutenu ce principe comme on soutient une cause qu'on peut attaquer ou défendre, *ad libitum*, avec un égal avantage, pour peu qu'on ait quelques ressources sophistiques.

Au milieu d'un pareil désordre, nous avons voulu, nous, rétablir juillet et sa dynastie dans toute la force, dans toute la vérité de leur principe; nous avons voulu élever la défense de ce principe à la dignité d'un devoir religieux, d'un devoir moral, d'un devoir de logique et de conviction; nous avons voulu le mettre dans la situation, non plus d'être *toléré*, mais de *tolérer*; non plus *d'être protégé*, mais de *protéger*; non plus *d'être sur la défensive*, mais de prendre, s'il le faut, *l'attitude de l'offensive*.

Une simple distinction entre *les hommes et les principes*, *entre les principes et les actes*, suffisait à ce changement; nous l'avons faite sans peur; nous la maintiendrons de même.

Ainsi, gloire à juillet en principe, parce qu'il commence une ère nouvelle pour le gouvernement des hommes;

Parce que l'attention que l'ancienne politique concentrait sur un seul point de la surface sociale, il l'applique à tous les points de cette surface;

Parce qu'il met l'ordre et l'harmonie dans tous les résultats de l'activité gouvernementale, administrative, scientifique, artistique, littéraire, industrielle, commerciale et agricole.

Gloire à la dynastie orléaniste, en principe, parce qu'en principe elle est en rapport avec les besoins de la raison moderne et avec tous les besoins de la France.

Parce que seule elle est apte à se mettre à la tête du grand mouvement qui pousse les peuples vers un développement régénérateur, vers le développement normal du Christianisme;

Parce qu'avec elle seule on peut se dévouer sans danger à la pensée libérale;

Parce que seule elle peut commencer cette période tant désirée, où rois et peuples doivent avoir mêmes intérêts et mêmes vues.

Le principe de Juillet et de la dynastie orléaniste représente seul la cause de Dieu et de l'humanité.

D'où, qu'on en prenne acte, nous ne sommes ni de la droite, ni de la gauche, ni des centres tels qu'ils sont, ni de la doctrine, ni du tiers-parti, ni de ce je ne sais quoi qu'on appelle juste-milieu, quasi-légitimité, mots hibrides, mots bâtards, mots insignifiants s'il en fut jamais dans notre langue; nous ne sommes pas républicain, saint-simonien, fouriériste, ni surtout néochrétien comme quelques manœuvres de feuilleton nous l'ont reproché. *Nous sommes chrétien suivant le véritable esprit de l'Évangile; nous sommes orléaniste suivant le véritable esprit de juillet; c'est-à-dire suivant l'esprit nationaliste*

En d'autres termes, nous sommes légitimiste, non point de cette légitimité que le glaive et la ruse commencèrent; que le glaive, la ruse et la fiction ont consacrée d'âge en âge; non point de cette légitimité de circonstance que Louis XIV fabriquait, en 1701, au profit de Philippe V, et qu'il révoquait en 1713; non point de cette légitimité que le grand roi sanctionnait, par le traité de Riswisch, en faveur de Guillaume, et qu'il voulait supprimer plus tard en faveur de Jacques III, contre Georges Ier; non point de cette légitimité que Bonaparte gravait dans nos codes avec son épée, et qui ne tendait qu'à substituer le soldat au citoyen, le camp à la patrie, la force des temps héroïques à la force pensante; non point de cette légitimité qui place tout le pouvoir social dans une seule famille, assistée seulement d'une faible minorité, telle que la rêvent encore les prétendus amis du duc de Bordeaux;

Nous sommes légitimiste de cette légitimité qui, par son principe et sa destination, est en harmonie parfaite avec la loi divine, avec la loi chrétienne, avec les développements providentiels et nécessaires de la raison humaine;

Nous sommes légitimiste de cette légitimité qui seule est immuable, parce que seule elle suffit à régler, à coordonner tous les besoins, tous les désirs, tous les actes, toutes les tendances de notre espèce vers un même but, la plus haute glorification possible de Dieu et de sa plus noble créature;

Nous sommes légitimiste de cette légitimité qui seule honore l'autorité comme l'obéissance, parce qu'elle les met toujours en rapport avec la justice.

Nous sommes légitimiste de cette légitimité qui seule peut moraliser et fortifier de plus en plus toutes les monarchies présentes et futures, en épurant de plus en plus leur origine, en mettant toujours les institutions en rapport avec les progrès de chaque peuple;

Nous sommes légitimiste de cette légitimité qui seule assure le triomphe de la vérité;

Nous sommes légitimiste de cette légitimité qui seule

doit déterminer une opinion dominante, une règle invariable de conduite parmi nous, pour mettre fin à cette ère de transition où tout est bien, excepté le bien lui-même;

Nous sommes légitimiste de cette légitimité qui provoqua 89 et 1830, tout en vouant au mépris des siècles les crimes et les horreurs commises à ces deux époques;

Nous sommes légitimiste de cette légitimité qui continue nos gloires nationales, nos traditions d'intelligence et de liberté;

Nous sommes légitimiste de cette légitimité qui seule constitue le pouvoir de juillet sur des bases inébranlables;

Nous sommes légitimiste de la légitimité orléaniste.

Nier la légitimité orléaniste, c'est décliner la nécessité de rapporter les actions gouvernementales à une règle religieuse; c'est décliner le christianisme comme règle suprême, comme sanction absolue du progrès et du bien-être général, pour ne s'abandonner qu'aux caprices et aux passions individuelles; c'est exposer toute espèce de pouvoirs à être ou à devenir contradictoires, absurdes, impossibles; et d'un autre côté, c'est se placer dans l'obligation, non point d'indiquer vaguement, mais de formuler, de préciser des principes sociaux et politiques préférables au christianisme; c'est se placer dans l'obligation d'éteindre le soleil à son midi.

Depuis 1830 jusqu'à nos jours, les hommes du gouvernement ont été, en général, à la légitimité orléaniste ce que l'esprit de l'Église a été, en général, au véritable esprit du christianisme.

Convertissons tous les hommes du gouvernement quels qu'ils soient, à la légitimité orléaniste.

On le voit, notre devise est absolument la même que celle de la presse qui espère dans le duc de Bordeaux. Ainsi, nous sommes chrétien, monarchique et légitimiste. Pourquoi donc nos tendances sont-elles si divergentes? C'est parce que la presse du duc de Bordeaux n'est en réalité, ni chrétienne, ni monarchique *, ni légitimiste; c'est parce qu'elle ne peut vivre que de fausses sentimentalités et de fictions tout-à-fait inadmissibles en France; tandis que nous marchons, nous, avec le christianisme tel que son fondateur le comprit et l'expliqua au monde; avec le véritable génie monarchique; avec la seule légitimité gouvernementale qui existe et soit irréfragable; avec la saine philosophie; avec l'esprit moderne; avec notre esprit national; avec les nobles instincts, les généreuses sympathies de tous les peuples; avec l'éternelle approbation de Dieu.

* En ce sens qu'en rejetant le développement et la transformation de la monarchie, elle étouffe la monarchie sur place.

FIN.

TABLE

DES MATIÈRES.

FIN.

www.ingramcontent.com/pod-product-compliance
Ingram Content Group UK Ltd.
Pitfield, Milton Keynes, MK11 3LW, UK
UKHW012224240726
13966UKWH00003B/933